A. FERRET 1977

FACULTÉ DE DROIT DE PARIS.

THÈSE
POUR LE DOCTORAT

PRÉSENTÉE ET SOUTENUE LE 24 AOUT 1868

PAR

JULES GODIN

AVOCAT A LA COUR IMPÉRIALE.

VERSAILLES

IMPRIMERIE DE E. AUBERT

6, avenue de Sceaux.

1868

A MON PÈRE, A MA MÈRE

A MON FRÈRE

A MON ONCLE, A MA TANTE

Ⓒ.

FACULTÉ DE DROIT DE PARIS

THÈSE
POUR LE DOCTORAT

L'ACTE PUBLIC SUR LES MATIÈRES CI-APRÈS SERA PRÉSENTÉ ET SOUTENU

Le Lundi 24 Août 1868, à neuf heures.

PAR JULES GODIN

AVOCAT A LA COUR IMPÉRIALE

Né à Versailles (Seine-et-Oise).

Président : **M. BUFNOIR,** *professeur.*

Suffragants : MM. COLMET-DAAGE, DOYEN, MACHELARD, COLMET DE SANTERRE, *Professeurs.* GLASSON, *Agrégé.*

Le Candidat répondra en outre aux questions qui lui seront faites sur les autres matières de l'enseignement.

DROIT ROMAIN.

Du Pignus pignoris et nominis.

DROIT FRANÇAIS.

De la Subrogation dans l'hypothèque et spécialement dans l'hypothèque légale de la femme mariée.

VERSAILLES

IMPRIMERIE DE E. AUBERT

6, Avenue de Sceaux.

1868

DROIT ROMAIN

DU PIGNUS NOMINIS ET PIGNORIS

A Rome, l'affectation d'un bien à la sûreté d'un créancier ne se développa qu'assez tard. Malgré l'importance du rôle que les dettes avaient joué dans l'origine, on n'avait inventé aucun moyen sérieux à l'aide duquel un débiteur pût utiliser le crédit qu'il devait retirer de ses biens. Pour trouver quelque chose qui ressemble à un mode de constitution de garantie, il faut se reporter vers la fin de la république. Avant cette époque, on ne rencontre que des moyens grossiers ; la plupart du temps, l'exécution a lieu sur la personne ; nous les laisserons de côté, notre matière n'ayant trait qu'à ce qui concerne le gage sur les biens.

Le premier essai de constitution d'un nantissement

se rencontre dans la fiducie, institution très ancienne et devant remonter aux premiers siècles de Rome. Le débiteur, qui voulait conférer à un créancier auquel il empruntait de l'argent une sûreté sur un objet spécial, lui en transférait la propriété, soit par mancipation, soit par cession *in jure*, avec cette convention, appelée contrat de fiducie, que la propriété lui serait retransférée s'il payait à l'échéance, ou que le créancier pourrait vendre, si le paiement n'avait pas eu lieu, quitte à restituer le surplus du prix. Pour réclamer ce surplus ou l'objet lui-même, suivant les circonstances, le débiteur n'avait qu'une action personnelle, l'action de fiducie (*fiduciæ actio*), résultant du contrat que les parties avaient joints à la translation de la propriété. Ce mode de constitution présentait, on le comprend sans peine, les plus grands inconvénients pour le débiteur. Il le laissait à la merci de la mauvaise foi et de l'insolvabilité de son créancier. Celui-ci, étant propriétaire, pouvait toujours transférer la propriété de l'objet, même après le paiement de la dette, et le débiteur, n'ayant jamais qu'une action personnelle pour forcer le créancier à lui retransférer la propriété, ne pouvait, s'il refusait, obtenir qu'une indemnité, et cette indemnité même pouvait devenir illusoire si le créancier était insolvable. La preuve des dangers et des inconvénients de la fiducie se retrouve dans la manière dont on permettait au débiteur de recouvrer la propriété de sa chose. Il pouvait, s'il rentrait en possession, usucaper à nouveau la propriété, qu'il remplît ou non les conditions exigées pour l'usucapion. On n'exigeait ni bonne foi, ni juste titre ; la possession annale suffisait. Mais, pour la manière dont il était rentré en possession, on distinguait. Si le créancier était payé, de quelque manière que le débiteur eût recouvré la possession, il pouvait arriver à la propriété, mais si le créancier n'était pas payé, il ne pouvait y arriver qu'à la condition de ne pas tenir la chose du créancier à titre de louage ou de précaire. (Gaius, C. II, § 59 et 60.)

Spécialement, en ce qui concerne les créances, ce nantissement était insuffisant; il ne pouvait les comprendre. Les modes de translation de la propriété n'ont jamais pu s'appliquer aux créances, qui, d'ailleurs, et surtout à l'époque où se pratiquait la fiducie, étaient considérées comme incessibles.

Ce moyen primitif fut remplacé par un autre, qui obviait à ses plus grands inconvénients, quoiqu'il fût encore bien incomplet. C'était le contrat *de pignus*. Le débiteur remet au créancier non plus la propriété, mais la possession de la chose. Le créancier n'a que le droit de la garder, et c'est seulement à l'échéance, et s'il n'est pas payé, qu'il se trouve investi du droit de la vendre et de transférer à l'acquéreur la propriété. Jusque-là, le débiteur la conservait sur sa tête, ainsi que la possession, au moins celle qui conduit à l'usucapion. Mais, comme le créancier peut perdre la chose qui lui est remise en gage, comme elle peut lui être enlevée, on lui avait donné les interdits possessoires, afin de se faire remettre en possession, sans être obligé d'avoir recours à son débiteur. (L. 16, D., *de usurpat.*, 41, 3, f. Javolenus.)

Le droit de vente étant restreint à des cas spécifiés, le débiteur était garanti contre la mauvaise foi du créancier. Ce dernier ne pouvait vendre qu'à l'échéance, et s'il n'était pas payé. S'il le faisait dans toute autre circonstance, il dépassait son mandat; la vente était nulle, et le débiteur conservait son action réelle pour reprendre la chose entre les mains de tout tiers détenteur. L'intérêt des parties était ménagé; le créancier possédait une garantie aussi complète que dans la fiducie; mais les inconvénients, pour le débiteur, ne s'y rencontraient plus. Et, lorsque le créancier avait vendu, l'acheteur n'avait rien à craindre de semblable à l'*usureceptio.* (Const., 2, C., *si antiq. credit.*, 8, 20, Const. Dioclétien.)

Un autre avantage du contrat était de permettre au débiteur d'employer, comme moyen de crédit, les choses dont il n'avait pas la propriété, mais qu'il était en voie d'usucaper. Après la remise de la chose au créancier, il continuait à usucaper, et, lorsque, à l'échéance, le créancier vendait la chose, il mettait le tiers acheteur *in causa usucapiendi.*

Le *pignus* pouvait-il être constitué sur les créances? A l'origine, ce n'est pas probable. « *Pignus appellatum* « *a pugno*, dit Gaius (L. 238, § 2, D., *de verbor. signi*- « *fic.*, 50, 16), *quia res, quæ, pignori dantur, manu tra*- « *duntur; unde etiam videri potest verum esse quod qui*- « *dam putant : pignus proprie rei mobilis constitui.* »

Le *pignus* a commencé par s'appliquer à ce que les Romains appelaient les meubles corporels, puis aux immeubles. Quant aux choses incorporelles, comme, dans les idées romaines, elles n'étaient pas susceptibles de possession, le *pignus* ne pouvait pas s'y appliquer. Mais le Préteur ayant admis, relativement à ces choses, une quasi-possession, on finit par reconnaître qu'il était possible de constituer sur elles un droit de gage. (L. 18, pr., D., *de pigner. act.*, 13, 7, f. Paul.)

Le contrat *de pignus*, quoique constituant une amélioration notable sur la fiducie, n'en avait pas moins encore de grands inconvénients. Il obligeait le débiteur à se dessaisir de la possession de sa chose, et, par suite, le privait des avantages qu'il aurait pu en retirer. De plus, un objet, quelque grande que fût sa valeur, ne pouvait servir de gage qu'à un seul créancier. Pour obvier à ces inconvénients, le Préteur inventa un procédé à l'aide duquel, tout en conservant au créancier une sûreté aussi complète, il permettait au débiteur de rester en possession, et d'user de sa chose comme si elle n'était pas engagée. Ce procédé, c'est l'hypothèque. Le Préteur Servius permit au locataire d'un fonds rural (*colonus*) de convenir avec le propriétaire que les choses apportées sur le fonds et destinées à la culture (*invecta et illata*) seraient engagées pour sûreté du paiement du fermage, et déclara que, en vertu de cette convention, il donnerait au propriétaire une action réelle, qui fut appelée *action servienne*, pour se saisir des objets engagés, même entre les mains de tiers. (C'est le seul cas, en droit romain, où une action *in rem* naquit en vertu d'une simple convention.) Le créancier, une fois mis en possession, se trouvait dans la position d'un créancier gagiste

La simplicité de ce moyen, qui permettait de constituer et de réaliser le gage sans aucune formalité, le fit étendre rapidement, sous le nom d'action *quasi-servienne*, à tous les cas où une personne voulait engager un objet pour sûreté d'une dette. C'est alors que cette action prit le nom d'action hypothécaire. Ce droit était déjà connu du temps de Cicéron. Il parle dans une de ses lettres (Liv. 13, lett. 56, *ad familiares*) d'un droit de ce genre constitué, il est vrai, en Asie-Mineure.

Si les deux premiers modes de constitution du nantissement étaient incomplets, celui-ci dépassait le but que l'on voulait atteindre. Il était trop simple et trop efficace. L'hypothèque étant occulte, les tiers ne pouvaient acquérir un bien avec sécurité. On ne pouvait pas avoir la certitude que ce bien n'avait pas été engagé par le vendeur ou les précédents propriétaires. Et même, dans le cas où un créancier hypothécaire vendait le bien, rien ne pouvant prouver que ce créancier était le premier, l'acheteur courait le risque de se voir évincer par un créancier antérieur. L'intérêt des tiers acquéreurs et des créanciers eux-mêmes était sacrifié par ce défaut complet de publicité. Il n'y avait même pas ce qui, dans notre ancien droit, pouvait pallier un peu les effets de cette généralité et de cette clandestinité des hypothèques, la possibilité de purger.

Dès que l'hypothèque eut pris l'extension que nous avons signalée, elle dut s'appliquer aux créances comme aux autres biens du débiteur. Une constitution d'Alexandre Sévère (Cons. 4, C., *quæ res pignori*, 8, 17), c'est-à-dire de l'époque de la jurisprudence classique, dit : « *Nomen quoque debitoris pignorari et generaliter et specialiter posse jampridem placuit...* » Ce résultat a dû se produire d'autant plus facilement que, presque toujours, le créancier stipulait une hypothèque générale; l'hypothèque spéciale était une exception. (L. 15, § 1, D., *de pignor. et hypoth.*, 20, 1, f. Gaius).

L'introduction de cette action était une innovation importante apportée aux voies d'exécution qu'avait le créancier. A l'origine, il n'y avait guère de modes d'exécution que sur la personne. L'idée de l'exécution sur les biens n'était pas venue à l'esprit des praticiens. Même sous le système formulaire, l'exercice d'une action n'amenait qu'une condamnation pécuniaire donnant elle-même naissance à une action; de telle sorte que, sauf les cas où le *jussus judicis* pouvait être exécuté *manu militari*, dans les actions arbitraires, le créancier n'aboutissait, en réalité, à aucun résultat efficace. Pour y porter remède, le Préteur inventa la *venditio bonorum* et le *pignus in causa judicati captum*. Mais ces deux voies étaient trop incomplètes, on ne pouvait en rester là. Aussi plus tard, partant de l'idée, qui était en germe dans le *pignus*, il donna au créancier, par l'établissement de l'action hypothécaire, un véritable mode d'exécution, un moyen de saisir et de vendre les biens du débiteur. C'était là une innovation considérable, premier germe de cette idée qui devait former la base des modes d'exécution dans la législation actuelle : *les biens d'un débiteur sont le gage commun des créanciers*. C'est pourquoi nous ne pouvons nous empêcher de comparer entre eux ces deux principes, l'un, le droit de gage parfait conféré par l'hypothèque romaine, l'autre, le droit de gage général imparfait de l'art. 2093 (C. N.).

Tous deux donnent à un créancier le droit de faire saisir et vendre les biens du débiteur, et de se payer sur le prix; et ce droit résultait de l'hypothèque, comme il résulte aujourd'hui de la créance. A côté de ces ressemblances, on rencontre des différences notables. L'action hypothécaire ne naissait, sauf les cas exceptionnels d'hypothèques tacites, qu'en vertu d'une convention. Dans notre législation, l'existence d'une créance suffit, quelle qu'en soit la cause, contrat ou autre, pour constituer ce droit. De plus, en droit romain, l'hypothèque générale établissait un droit de gage parfait, emportant droit de préférence sur les autres créanciers, et de suite à l'égard des tiers, ce qui n'existe pas au profit du créancier chirographaire, qui est obligé de subir le concours des autres créanciers et de respecter les aliénations faites par son débiteur.

Nous venons de voir qu'il y avait, pour un débiteur, deux moyens d'établir, au profit de son créancier, un droit de gage : le contrat *de pignus*, et la convention d'hypothèque. Notre but est de rechercher de quelles manières pouvaient s'appliquer aux créances et au gage les principes généraux de ces deux institutions, de quelle manière la nature de l'objet engagé en modifiait l'application. Mais, avant d'entrer dans les détails, et pour préciser les idées, comparons entre eux le *pignus* et l'hypothèque. Ces deux conventions ont des points nombreux de ressemblance. Et même, le *pignus*, à vrai dire, n'est qu'un cas d'application de l'hypothèque. Tout créancier, auquel son débiteur a remis en gage un objet, est, par ce fait seul, investi de l'action hypothécaire.

De là sont venues ces confusions fréquentes de la part des jurisconsultes entre les dénominations. A chaque instant, on voit qu'ils emploient l'expression *de pignus* pour désigner l'hypothèque. L'action hypothécaire est même souvent appelée *pigneratitia in rem*. Ces deux conventions se ressemblent par leur but : affecter un objet à la sûreté d'une dette, et par l'efficacité donnée à cette garantie : conférer un droit de préférence et de suite sur l'objet engagé. Mais elles diffèrent par leur nature même, le *pignus* est un contrat de droit civil, produisant des obligations. (§ 4, Inst., *quib. mod. re contrahi*, III, 14; L. 1, § 6, D., *de oblig. et act.*, 44, 7, f. Gaius.) L'hypothèque est une convention produisant sans tradition un droit réel garanti par une action réelle qui permettait au créancier de se faire mettre en possession. (L. 17, D., *de pignor. et hypoth.*, 20, 1, f. Ulpien; L. 18, D., *eod.*, f. Paul.) Pour constituer le contrat de gage, il faut la livraison de la chose; au contraire, pour faire naître l'hypothèque, le consentement suffit. (L. 9, § 2, D., *de pigner. act.*, 13, 7, f. Ulpien.)

De cette différence en découle une autre; c'est que l'hypothèque peut être générale et s'appliquer à tous les biens du débiteur (L. 1, pr., D., *de pignor. et hypoth.*, 20, 1, f. Papinien); c'était même ainsi qu'on la stipulait toujours, nous l'avons dit; ce qui ne pouvait exister pour le gage, la remise ne pouvant s'effectuer que d'objets individuellement déterminés. Mais, dès que le créancier hypothécaire s'était fait mettre en possession, le contrat de gage se formait et produisait les obligations qu'il eût produites, si la remise eût été faite directement par le débiteur et dès l'origine. (L. 2, D., *eod.*, f. Papinien.)

Telles sont les principales différences qui séparent ces deux droits. On voit qu'elles tiennent plus à la forme qu'au fond. Aussi, le jurisconsulte Marcien a-t-il pu dire avec raison : « *Inter pignus autem et hypothe-* « *cam tantum nominis sonus differt.* » (L. 5, § 1, D., *eod.*) Arrivons maintenant à l'examen du contrat de gage dans son application aux créances et aux objets engagés. Ensuite, nous examinerons de quelle manière s'exerçait l'action hypothécaire sur ces mêmes droits. Enfin, nous terminerons en disant quelques mots des règles spéciales aux créances, en ce qui touche le *pignus in causa judicati captum*.

I. — Nous avons vu que le Préteur, repoussant les idées inexactes du droit civil sur la nature de la possession, avait fini par admettre la quasi-possession des choses incorporelles. Dès lors, le contrat de *pignus* avait pu s'appliquer à ces choses, et, en particulier, aux créances. Un créancier put donc utiliser sa créance comme moyen de crédit, et donner sur elle à son propre créancier un véritable droit de gage. Vers quelle époque eut lieu cette amélioration ? Il est assez difficile de le préciser. Elle existait au temps de la jurisprudence classique, au moins vers la fin de cette période.

Mais est-elle de beaucoup antérieure? Deux textes parlant de cette convention semblent bien se contredire. Une loi de Paul (L. 18, pr., D., *de pign. act.* 13, 7) paraît indiquer qu'on soumet au jurisconsulte une question sur une application nouvelle du gage. D'un autre côté, une constitution d'Alexandre Sévère, de l'an 226, c'est-à-dire à peu près de la même époque, dit que l'on peut employer ce moyen depuis longtemps (*jam pridem*). (Const. 4, C., *quæ res pignori*, 8, 17). C'est ce dernier texte qui nous paraît le plus croyable, car il y a des fragments d'Ulpien qui parlent de cette convention, et Ulpien était un peu antérieur à Paul. Les textes du droit romain nous fournissent quelques applications de ce nouveau moyen de crédit. Ainsi, Ulpien parle du cas où un propriétaire, empruntant pour faire des réparations à sa maison, et voulant donner une garantie au prêteur, lui donne en gage ses créances de loyer. (L. 20, D., *de pignor. et hyp.*) De même, pour le *pignus pignoris*, nous rencontrons le cas particulier où un créancier engage l'usufruit qui lui a été donné en nantissement. (Const. 1, C., *si pignus pignori*, 8, 24, Const. Gordien.)

La première condition, pour donner naissance au contrat de gage, était la remise de la chose engagée au créancier. Comment s'opérait-elle, lorsque le contrat avait pour objet une créance? En droit romain, la créance était incessible. Mais ce qu'on ne pouvait faire directement, on le faisait indirectement. Cette livraison s'obtenait au moyen d'un mandat. Le débiteur donnait mandat au créancier d'exercer son action, et de toucher le montant de la dette. Et ce mandat, à la différence de ce qui se passait dans le cas d'une cession de créance, n'était pas pour le mandataire *in rem suam*. Le créancier était, en effet, responsable envers son débiteur.

Cette remise devait être complète; elle devait comprendre les accessoires de la créance, les gages qui avaient pu être donnés. (L. 6, f. Paul; L. 23, pr., f. Hermogène, D., *de hered vel act.*, 18, 4.) S'il y avait des fidéjusseurs, le mandataire acquérait le droit de les poursuivre. Le débiteur devait, en outre, remettre au créancier *l'instrumentum*, s'il en avait été dressé un. En un mot, il devait traiter le créancier gagiste comme un cessionnaire de la créance. Nous examinerons, à propos de l'exercice de l'action hypothécaire, quels étaient les inconvénients de ce système; quels dangers il présentait pour le créancier, et quels remèdes on y avait apportés. Pour le moment, nous constatons seulement le mode employé.

Quant au *pignus pignoris*, le moyen ordinaire suffisait. Le débiteur remettait à son créancier l'objet qui lui avait été livré. (Nous supposons, bien entendu, que c'est une chose corporelle.)

Le créancier, une fois en possession, avait, nous l'avons dit, pour la conserver ou la recouvrer, les interdits possessoires. En ce qui touche le *pignus pignoris*, cette règle s'appliquait sans difficulté. Mais, pour le *pignus nominis*, il n'en était pas de même. Les interdits possessoires, actions fort anciennes, et destinés à trancher une question de possession, ne comprenaient pas les créances.

Passons à l'étude des obligations qui naissent du contrat de gage. Ce contrat était de ceux que nous appelons aujourd'hui synallagmatiques imparfaits, c'est-à-dire qu'il n'en résultait d'obligation nécessaire qu'à la charge d'une des parties. Si l'autre se trouvait grevée, ce n'était qu'accidentellement et *ex post facto*. Dans le gage, l'obligation nécessaire, dérivant du contrat lui-même, était, pour le créancier, de conserver l'objet engagé et de le restituer après le paiement, et il était tenu, à son égard, des soins d'un bon père de famille. (L. 13, § 1, f. Ulpien ; L. 14, f. Paul, D., *de pigner. act.*, 13, 7.) En effet, le créancier est un mandataire; on lui a confié une chose, il doit en répondre. Comme garantie de cette obligation, le débiteur était investi de l'action *pigneratitia directa*. Pour ce qui est de la garde dans le *pignus nominis*, à cause de la nature même de l'objet engagé, elle était soumise à quelques règles particulières. Comme l'objet est chose incorporelle, et que le débiteur n'a rien entre les mains, il n'a pas de soins matériels à donner, il n'a pas à craindre le vol, par exemple ; mais ces soins sont d'une autre nature. Il faut qu'il fasse les diligences nécessaires pour conserver le droit du débiteur. Ainsi, la créance est-elle productive d'intérêts, il devra les toucher et les imputer sur les intérêts de sa propre créance, et, subsidiairement, sur le capital. (Const. 1, C., *de pigner. act.*, 4, 24. Const. de Sévère et Antonin.)

La dette arrivant à échéance, le créancier gagiste, en vertu de son mandat et de la cession de l'action, peut toucher le montant de la créance, ou, si le débiteur refuse, agir contre lui pour le faire condamner. Si le débiteur a payé et que l'objet soit un corps certain, il le gardera à titre de gage ; si ce n'est qu'une somme d'argent, il la compensera avec ce qui lui est dû. (L. 18, D., *de pigner. act.*, 13, 7, f. Paul.) Le débiteur devient-il insolvable avant l'échéance, et ses biens sont-ils vendus en masse, il devra produire ses titres et se faire attribuer un dividende.

Le créancier gagiste ne doit pas se servir de la chose engagée ; son devoir est de se borner à la garder. Si, violant cette obligation, il en fait un usage quelconque, il commet un *furtum usus*. (L. 54, pr. D., *de furtis*, 47, 2, f. Gaius.) Dans le cas de *pignus pignoris*, nous pouvons trouver l'application de ce principe. D'abord, le fait d'engager une chose engagée ne constitue pas un *furtum usus*. Le créancier ne nuit pas à son débiteur ; la chose ne fait que changer de dépositaire. Ce n'est que dans le cas où le second créancier gagiste violerait son obligation, qu'il pourrait y avoir lieu aux actions de vol. Mais, dans notre espèce, auquel du premier créancier ou du débiteur appartiendront-elles ?

D'abord, il est évident que la revendication, ou la *condictio furtiva* naîtront au profit du débiteur propriétaire de l'objet. Quant à l'action *furti*, la question est plus délicate. Elle est donnée à celui ou à ceux qui ont intérêt. On peut dire que le premier créancier gagiste à intérêt, car il est responsable de la conduite de son créancier ; mais, d'un autre côté, l'intérêt du débiteur est évident. Il faut donc choisir entre les deux. On ne peut pas tirer assimilation du cas de vol de l'objet au créancier gagiste (§ 14, Inst., *de obligat. quæ ex delict.*,

IV, 1), car la situation n'est plus la même. Il ne s'agit pas ici d'une chose soustraite au créancier ; le gage continue d'exister. Ce n'est pas le créancier gagiste qui souffre du vol ; il n'en peut souffrir qu'indirectement. Quel est celui auquel on nuit directement? C'est le débiteur, en faisant de sa chose un usage que l'on ne devait pas en faire. C'est donc lui qui doit être investi de l'action *furti*.

Si, au contraire, le vol avait lieu dans les termes du paragraphe 14 précité, l'action *furti* appartiendrait au second créancier gagiste et au débiteur en même temps (L. 12, § 2, D. *de furtis*, 47, 2, f. Ulpien), mais non au premier. En effet, quel intérêt aurait-il pour prétendre à cette action? On ne donne l'action *furti* au créancier que pour lui permettre de se dédommager de la perte de l'objet engagé ; et ici, c'est le second créancier qui l'avait. On peut dire également qu'il était investi des droits du premier, et l'action *furti* en étant une conséquence, elle doit être comprise dans la cession. Le premier créancier, en remettant l'objet au second, pouvait ne pas l'avoir prévenu qu'il ne le possédait qu'à titre de gage, et avoir fait une convention relativement à un usage de cet objet. Il n'y avait pas alors *furtum usus* de la part de ce créancier, car il était de bonne foi ; de même, le délit n'existait pas chez le premier, puisque de son côté on ne trouvait pas la *contrectatio fraudulosa*. Le débiteur aurait eu certainement l'action *pigneratitia directa*, et peut-être même aurait-il pu intenter le *crimen stellionatus*. On l'accordait dans une espèce analogue (L. 3, § 1, D., *stellionatus*,

47, 20, f. Papinien), et la nature même de cette accusation rendrait assez croyable son application à notre espèce.

Mais à qui auraient appartenu les actions, dans le cas où c'eût été le débiteur lui-même qui eût soustrait l'objet engagé? Ici encore, nous raisonnerons par analogie, et nous appliquerons la loi 12, § 2, D., *de furtis*. Le volé est le second créancier gagiste; c'est lui qui, le premier, a intérêt à ce que la chose n'ait pas été soustraite; il doit passer avant son débiteur. C'est donc lui qui sera investi de l'action *furti*.

Quant au *pignus nominis*, le vol n'en était pas possible, par ce motif que quelqu'un, même se prétendant créancier, ne fait pas la *contrectatio fraudulosa rei alienæ vel possessionis*. Et, si le débiteur le paie, ce paiement ne sera pas libératoire et donnera naissance à la *condictio indebiti*. Mais, à ce point de vue, si le vol des créances n'était pas possible, il pouvait cependant arriver que le débiteur enlevât, en réalité, le gage de son créancier. Nous verrons plus tard quels moyens avaient été donnés au créancier pour lui assurer le montant de la créance, et au débiteur pour repousser l'action de son créancier.

A côté de cette responsabilité incombant au créancier de veiller à la garde de la chose, et des droits qui en naissent pour lui, s'en trouve une autre qui est également une conséquence de l'obligation de conserver. C'est celle par suite de laquelle il doit indemniser le débiteur de la perte survenue par sa faute. (Vide, C., *de pigner. act.*, 4, 24.) Pour le *pignus pignoris*, ce sont les cas ordinaires; mais, pour le *pignus nominis*, il y a une hypothèse spéciale. Le créancier gagiste n'a pas poursuivi à temps; il a accordé des délais au débiteur; l'insolvabilité est survenue; il en sera responsable, car il n'a pas fait ce que devait faire un bon père de famille. Il en serait autrement si l'insolvabilité avait été la suite d'accidents fortuits, naufrage, incendie, etc.; on ne peut lui reprocher aucune négligence.

La seconde obligation du créancier gagiste est de restituer le gage après le paiement de la dette ou dès qu'il est satisfait. Ulpien nous indique en ces termes quels sont, en général, les différents cas dans lesquels devait s'opérer cette restitution : « *Omnis pecunia exsoluta* « *esse debet, aut eo nomine satisfactum, ut nascatur* « *pigneratitia actio. Satisfactum autem accipimus, que-* « *madmodum voluit creditor, licet non sit solutum. Sive* « *aliis pignoribus sibi caveri voluit ut ab hoc recedat,* « *sive fidejussoribus, sive reo dato, sive pretio aliquo* « *vel nuda conventione : nascitur pigneratitia actio. Et* « *generaliter dicendum erit, quotiens recedere voluit* « *creditor, a pignore videri ei satisfactum, si ut ipse* « *voluit sibi cavit, licet in hoc deceptus sit.* »

De même, nous appliquerons la réforme de Gordien (Const. Un., C. *etiam ob chirog.*, 8, 27). En admettant que le débiteur eût payé la dette pour laquelle le gage avait été donné, ou qu'il eût satisfait autrement le créancier, il ne pourra lui réclamer le gage, s'il est encore tenu envers lui d'une autre dette exigible.

En ce qui touche la restitution du *pignus nominis*, nous avons quelques remarques à faire, tant sur la manière dont elle s'opérera que sur les objets qu'elle comprendra. Si les choses sont restées dans l'état où elles étaient lors de la constitution du gage, le créancier n'aura rien à faire pour rendre au débiteur ses droits. En effet, la livraison avait été effectuée au moyen d'un mandat; ce mandat est révoqué; les pouvoirs du créanciers cessent et le débiteur recouvre les siens. Il n'y a besoin d'aucune forme extérieure pour opérer cet effet de droit. Il ne pourrait y avoir lieu qu'à restituer l'*instrumentum*, dans le cas où le créancier l'ayant fait dresser l'aurait livré à son créancier. Mais, pendant le temps qu'a duré la mise en gage de la créance, la situation a pu se modifier; le créancier gagiste, nous l'avons vu, avait le droit de toucher le montant de la créance (L. 18, pr., D., *de pigner. actio,* 13, 7, f. Paul), et, suivant que la créance était d'une somme d'argent ou d'autres choses, il devait en opérer la compensation avec la sienne ou les garder à titre de gage. Aussi, dans le premier cas, un compte s'établissait, et c'était seulement lorsque la créance mise en gage était la plus faible que le créancier conservait utilement son action personnelle. Pour obtenir ce résultat, le créancier avait l'exception de compensation. Quant à l'autre espèce, il n'y a rien de particulier à en dire, ce sont les principes généraux du *pignus* qui seuls la gouvernent.

En ce qui concerne le *pignus pignoris,* le cas de restitution est double. L'obligation du second créancier gagiste, à l'égard du premier, peut d'abord prendre naissance par suite du paiement de sa dette; cette restitution s'opère dans les conditions ordinaires. Mais il peut se faire qu'elle vienne à naître indépendamment de toute satisfaction donnée au second, si le premier créancier recevait le paiement de ce qui lui est dû. Le débiteur recouvre alors le droit de répéter le gage, aussi bien contre l'un que contre l'autre. (L. 40, § 2, D., *de pigner. act.*, 13, 7, f. Papinien.) En effet, le débiteur peut en exiger la restitution dès qu'il offre de payer son créancier. Ce dernier n'a pu transférer plus de droit qu'il n'en avait lui-même; celui qu'il a cédé était soumis à une condition résolutoire; cette transmission n'en a pas changé la nature. La condition, se réalisant, produira effet contre tous les ayant-cause du créancier, et, en particulier, contre le créancier gagiste. Le second créancier ne peut se plaindre de ce résultat, s'il savait que la garantie qui lui avait été donnée reposait sur un objet engagé. S'il l'ignorait, il aura la ressource d'agir par l'action *pigneratitia contraria*, ou même l'action *de dolo* et peut-être le *crimen stellionatus*, suivant les circonstances, pour se faire indemniser du tort que lui cause la mauvaise foi de son débiteur. Nous avons supposé que le débiteur avait payé son créancier, de telle sorte que le second créancier se trouvât sans garantie; mais il pouvait arriver que le débiteur, au lieu d'agir ainsi, eût effectué le paiement entre les mains de celui qui était nanti. Dans ce cas, celui-ci était pleinement couvert; à la place de son gage, il en avait un autre, seulement ce n'était là qu'une faculté pour le débiteur. Le lui imposer comme obligation, c'eût été assimiler le *pignus pignoris* au *pignus nominis*; mais rien dans les textes ne peut faire supposer qu'il en ait été ainsi. Une seule loi indique ce moyen avec hésitation. (L. 13, § 2, D., *de pigno. et hypot.*, 20, 1, f. Marcien.) Cependant, si le débiteur l'avait employé pour dégager sa chose, le créancier, entre les mains duquel avait été effectué le paiement était, à tous égards, dans la situation où se trouvait celui auquel le débiteur de son débiteur avait remis le montant de sa dette. Comme lui, il devait ou compenser ou garder la chose engagée, suivant que c'était ou non de l'argent. Ce moyen eût été certainement de beaucoup le plus équitable. Il garantissait pleinement le second créancier, et ne lésait en rien les droits du premier ; le paiement lui profitait de toute façon.

Nous venons d'étudier les différentes obligations qui pesaient sur le créancier gagiste; il nous reste à voir celles qui pouvaient incomber accidentellement au débiteur. Elles sont sanctionnées par l'action *pigneratitia contraria*. On peut les rattacher à deux idées : l'une, que le créancier est un mandataire et qu'il doit être indemnisé du tort que lui cause son mandat; en effet, une sûreté acceptée par un créancier ne doit pas lui nuire; et l'autre, que le débiteur doit être de bonne foi. (L. 9, pr. D. *de pign., act.* 13, 7, f. Ulpien.) L'action *pigneratitia* était de bonne foi sous la jurisprudence classique; ceci est certain. (Const. 6, C., *de pignor. act.*, 4, 24. Const. d'Alexandre Sévère.) Du moment où une indemnité sera due en vertu de l'un ou l'autre de ces principes, l'action prendra naissance en sa personne. Ainsi, pour rester dans notre matière, le créancier, auquel on a donné en gage une créance, a fait des dépenses pour obtenir le paiement du débiteur; il a fait des frais en bon père de famille; il aura le droit de les répéter. De même, la créance que le débiteur prétend avoir, n'existe pas ou ne repose pas sur sa tête; la chose donnée en gage est alors ou une *res aliena* ou inexistante ; le créancier n'ayant donc pas la sûreté qu'il voulait avoir, la bonne foi oblige le débiteur à l'indemniser; il sera tenu de l'action *pigneratitia contraria*. Mais le débiteur doit-il garantir que le créancier sera payé, alors qu'il n'a rien été déclaré à cet égard? Pour ce qui est de la solvabilité future, il n'en sera pas tenu; c'est un cas fortuit qui enlève au créancier sa sûreté. Mais devrait-il être tenu, en cas d'insolvabilité présente? En matière de vente de créance, le vendeur n'est pas tenu même de la solvabilité présente. (L. 4, D., *de heredit. vel act.*, 18, 4, f. Ulpien.) Pour qu'il en répondît, il aurait fallu une clause expresse. Et ceci s'explique par ce motif que, en général, les ventes de créances sont des spéculations. Mais ici on pourrait dire qu'il n'en est pas de même, le créancier entend recevoir une sûreté, et un débiteur insolvable n'en est pas une. Aussi, pour nous la question est une question de bonne foi.

Le débiteur qui donnerait en gage une créance dont le recouvrement serait impossible, sans prévenir son créancier, serait tenu de la *pigneratitia* pour l'indemniser. Mais, si la créance a été donnée telle quelle, le créancier ne peut élever de réclamation. Au contraire, dans le cas de mauvaise foi de la part du débiteur, comme le dol était caractérisé, y aurait-il eu lieu à une accusation extraordinaire pour stellionat. (L. 1, § 2, D., *de pigner. act.*, 13, 7, f. Ulpien, et L. 3, § 1, D., *stellionatus*, 47, 20, f. Papinien), ou même à l'action *de dolo*, ce que paraît supposer la loi 36, § 1, D., *de pignerat. act.*, f. Ulpien. En un mot, nous appliquerons ici la solution donnée par Paul dans la loi 16, § 1, D., *eod.* Si le débiteur est de mauvaise foi, il y aura lieu au *crimen stellionatus*, et s'il ignorait simplement cette insolvabilité, et que le créancier n'eût pas accepté la sûreté telle qu'elle pouvait être, à l'action *pigneratitia contraria*.

Le *pignus pignoris* pouvait également donner lieu à la *pigneratitia contraria* et même au *crimen stellionatus*, si le créancier n'avait pas été prévenu que la chose qu'on lui remettait n'appartenait pas à son débiteur. (L. 36, § 1. D., *eod.*)

Au contrat lui-même, les parties pouvaient adjoindre des pactes qui en modifiaient les effets. Il en est deux dont nous devons dire quelques mots et rechercher les conséquences, quant à notre matière. Ce sont le pacte d'*antichrèse* et la *lex commissoria*. Le premier modifiait le droit du créancier sur les fruits. Nous avons vu que le créancier gagiste avait le droit de toucher les fruits et intérêts de l'objet engagé, à charge par lui de les imputer sur les intérêts, et, subsidiairement, sur le capital de sa créance. Il arrivait souvent que, par une clause ajoutée au *pignus*, on déclarait que le créancier prendrait, à titre d'intérêts, les fruits que pourrait produire la chose. C'était, en réalité, faire de ce contrat un échange de jouissance. Ce pacte pouvait donner lieu à difficulté, dans le cas où l'objet mis en gage était une créance. En effet, le créancier qui prêtait une somme d'argent ne pouvait pas prêter à un taux supérieur au taux maximum fixé par la loi. Aussi, pour que ce pacte pût être valablement fait relativement à une créance, fallait-il que le montant des intérêts qu'elle produisait ne dépassât pas ce qu'aurait produit l'argent prêté, en supposant le prêt au taux maximum. Pour le *pignus pignoris*, le pacte d'antichrèse n'eût été possible qu'autant que le premier créancier l'aurait déjà stipulé dans le contrat.

De même que le *pacte d'antichrèse*, la *lex commissoria* pouvait se rencontrer, dans les contrats que nous étudions, à l'époque évidemment où la prohibition de cette clause n'avait pas encore été prononcée. (§ 9, *Fragm. Vatic.*) La *lex commissoria* ayant pour but d'attribuer au créancier la propriété de l'objet engagé, à défaut de paiement, à l'échéance, pour pouvoir s'appliquer aux créances, demandait une modification. Le créancier devait pour cela devenir cessionnaire de la créance. Cette cession s'opérant par la *procuratio in rem suam*, il aurait fallu ajouter au contrat une clause par laquelle on convenait que, si le paiement n'avait pas lieu au terme fixé, le mandat donné au créancier deviendrait un mandat *in rem suam*. Que si le paiement n'avait pas eu lieu à l'échéance, il est évident que la clause produisait son effet et lui permettait de garder, à titre de propriétaire, ce qui aurait été payé, sauf encore, comme dans le pacte d'antichrèse, la limitation apportée par la loi au taux de l'intérêt; car le créancier ne pouvait pas recevoir au-delà, que ce fût sous le nom de capital ou d'intérêts.

Quant au *pignus pignoris*, en principe cette convention est impossible. Le premier créancier gagiste n'étant pas propriétaire, ne pouvait pas promettre la translation de la propriété. Mais, s'il l'avait fait, il pouvait arriver *ex post facto* qu'il se trouvât à même de remplir son obligation. Ainsi, le premier créancier a lui-même stipulé la *lex commissioria*, et, à l'échéance, il n'est pas payé ; le droit de propriété passant sur sa tête, il pourra exécuter son obligation. Du reste, Constantin ayant prohibé cette clause (Const., 3, C., *de pactis pignor.*, 8, 35), à partir de cette époque, la question ne peut plus se présenter.

II. — Nous venons d'étudier le contrat *de pignus* dans son application aux gages et aux créances ; nous allons maintenant rechercher comment s'exerçait l'action hypothécaire sur les mêmes biens. Nous avons vu naître l'hypothèque postérieurement au contrat de gage, à propos de la location d'un fonds rural, le Préteur Servius donnant d'abord une action *in rem* au locateur sur les choses engagées par le fermier, puis cette action s'étendre peu à peu et fournir à la fin au créancier un droit de gage général et complet sur tous les biens de son débiteur. Les créances durent y être soumises de très bonne heure. (L. 9, § 1, D., *de pignor. et hypoth.*, 20, 1, f. Gaius.) Cependant, du temps de Papinien, pour l'usufruit, la question était encore incertaine. (L. 11, § 2, D., *eod.*, f. Marcien.) Mais aucun texte n'indique qu'il en ait été de même pour les créances.

L'hypothèque donnait au créancier le droit de vendre l'objet, après s'être fait mettre en possession, d'être payé sur le prix par préférence aux créanciers postérieurs, et de suivre la chose entre les mains des tiers. Ce sont là les trois points que nous allons examiner successivement.

Pour arriver plus sûrement et dans de meilleures conditions à la vente de l'objet, le créancier se faisait mettre le plus souvent en possession. Nous avons vu comment s'opérait, ou plutôt s'expliquait cette mise en possession du créancier dans le *pignus nominis* et *pignoris*. Nous avons vu intervenir l'idée du mandat, qui a joué en droit romain un si grand rôle. Nous en avons examiné les effets dans les différentes hypothèses qui pouvaient se présenter, suivant que le créancier gagiste avait touché une somme d'argent ou un corps certain; de telle sorte que ce droit de vente pouvait varier avec la situation du créancier. Après le paiement, il vendait l'objet qui lui avait été livré; mais s'il n'avait pas touché la créance, soit parce que l'échéance n'en était pas arrivée, soit parce qu'il n'avait pas voulu poursuivre lui-même le débiteur, il pouvait user de la seconde faculté et vendre la créance elle-même. Ce droit de vendre a suivi, en ce qui concerne notre matière, les mêmes phases que dans les autres. A l'origine, il devait y avoir une convention spéciale relative à cette faculté. (Gaius, C.II, §64.) Peu à peu ce pouvoir a été sous-entendu; on en est même arrivé à le donner au créancier, nonobstant toute convention contraire. (§ 1, *Quibus alienare licet*, Inst. II, 8; et Const. 3, pr., § 1 et 2. C., *de jure domi. impetr.* 8, 34.) Quant au moment, aux formes et aux conditions de la vente, il n'y avait rien de fixe; c'était le créancier qui l'opérait sous sa responsabilité. Justinien, sur ce point (Const. 3, § 1. C. *eod.*), a décidé que, si les parties ont réglé les conditions de la vente, on suivra leur volonté; s'il n'a rien été dit, le créancier devra faire une dénonciation au débiteur, et la vente aura lieu deux ans après. S'il y avait eu convention prohibant la vente, il fallait probablement, même sous Justinien, trois dénonciations. (L. 4, D., *de pigner. act.*, f. Ulpien.)

Nous avons dit que c'était le créancier lui-même qui devait opérer la vente avec l'obligation d'agir de bonne foi et en bon père de famille. C'est pourquoi il devait chercher à obtenir le meilleur prix possible de la créance. Du reste, aucune forme ne lui était imposée pour cette vente; il pouvait la faire à l'amiable ou aux enchères. S'il violait son obligation, la sanction n'était pas la nullité de l'acte; la responsabilité du créancier gagiste était seule engagée. Le créancier qui vend la créance n'est pas soumis aux obligations imposées au vendeur, s'il déclare quelle est sa qualité. Du reste, l'obligation du vendeur de créance se réduit à garantir l'existence de la créance. (L. 4, D., *de heredit. vel act.*, 18, 4, f. Ulpien.) Pour opérer cette vente, le créancier donnera à l'acheteur un mandat *in rem suam*, afin qu'il puisse exercer à son profit les actions qui lui sont cédées.

Nous venons de voir que la sûreté du créancier consistait dans le mandat que lui donnait son débiteur, d'exercer son action. A l'origine, ce mandat pouvait présenter de graves inconvénients; il était révocable, comme tout mandat, à la volonté du mandant. Aussi, le débiteur pouvait payer à son créancier au détriment du créancier gagiste, et ce dernier ne pouvait attaquer du paiement, qui était libératoire, quand même le débiteur aurait connu l'impignoration. Pour remédier à ces inconvénients, on permit au créancier d'avertir le débiteur de la mise en gage de sa dette, et, à partir de cet avertissement, ce dernier avait une exception à opposer à l'action de son propre créancier. Puis, plus tard, on compléta cette réforme en accordant au créancier gagiste les actions utiles. (L. 18, D., *de pign. act.*, f. Paul; L. 20, D., *de pign. et hypoth.*, f. Ulpien; Const. Alexandre, 4, C., *quæ res pignori*, 8, 17.) A partir de cette époque, le gage offrit une sûreté pleine et entière. Le créancier n'avait plus à craindre ni révocation du mandat, ni paiement à son préjudice. Quand il vendait le gage, il transmettait à l'acheteur les mêmes actions utiles qui reposaient sur sa tête. (Const. 7, C., *de heredit. vel act.*, 4, 39, Const. Dioclétien.) Tel fut le dernier état du droit en ce qui concerne la vente du *pignus nominis*.

Quant au *pignus pignoris*, nous retrouverons les mêmes solutions; mais, dès la jurisprudence classique, il y a un texte qui donne les actions utiles au créancier. (L. 13, § 2, D., *de pign. et hypoth.*, f. Marcien.) Celle qu'accorde le jurisconsulte est l'action hypothécaire, pour se faire mettre en possession; en outre, il en résultait également à son profit, *utilitatis causa*, le droit de vendre. Nous avons vu que le débiteur, payant entre les mains de son propre créancier, acquérait le droit de réclamer le gage au second créancier auquel il avait été remis. Ce dernier se trouvait donc lésé, quoiqu'il dût s'y attendre, et qu'il ne pût se plaindre, s'il savait de quelle nature était son droit. Mais, dans ce cas, ne fallait-il pas lui accorder au moins l'action hypothécaire sur les écus qui avaient été payés ? C'eût été étendre le droit de gage sur l'objet payé, de telle sorte qu'il y aurait eu simplement un échange pour le créancier. Marcien pose la question, mais il ne la résoud pas directement; cependant, il montre qu'elle est la solution vers laquelle il penche, en indiquant une possibilité d'assimilation avec le cas où le droit de gage repose sur la créance elle-même. (L. 13, § 2, D., *eod.*) Si on admettait cette solution, il en résulterait que le créancier, auquel son débiteur aurait remis en gage un objet engagé, pourrait, par cela même, recevoir le paiement. Cette tendance à assimiler ces deux hypothèses est très naturelle. C'est elle qui devait plus tard amener nos anciens auteurs à établir la théorie de l'hypothèque de l'hypothèque.

Nous venons d'étudier les principales conditions et les principaux effets du droit de vente; arrivons à déterminer la nature et les conséquences du droit de préférence. A Rome, le principe de la détermination du rang entre les créanciers hypothécaires s'exprimait par cette maxime encore vraie aujourd'hui : *prior tempore, potior jure* (L. 2, D., *qui potiores*, 20, 11, f. Papinien ; Const. 4, C., *eod.*, 8, 18, Const. Antonin). La question de date réglait la préférence. Ce principe s'appliquait aux créances, comme aux autres biens du débiteur, et la généralité habituelle des hypothèques devait rendre fréquente cette application. (L. 15, § 1, D., *de pignor. et hypoth.*, f. Gaius.) Du reste, quant à l'exercice de ce droit de préférence, il ne présentait rien de particulier, lorsque c'était la créance elle-même qui était vendue. La cession n'était complète et l'acheteur pleinement protégé que lorsque c'était le premier créancier hypothécaire qui avait vendu. Si ce n'était pas le premier, l'acheteur était exposé à voir son droit s'évanouir devant celui d'un créancier antérieur ou d'un cessionnaire de ce créancier. Mais, dans le cas où le paiement aurait été effectué, il y a une remarque à faire, c'est que le paiement opéré de bonne foi par le débiteur, même entre les mains d'un créancier postérieur, le libérait à l'égard des créanciers antérieurs. En effet, nous avons dit que le droit de gage existait sur la créance, avant le paiement, ou sur l'objet payé, après ; peu importait entre les mains de qui eût été effectué ce paiement, que ce fût le débiteur lui-même ou son mandataire, et le créancier hypothécaire est mandataire du débiteur. Au surplus, le premier créancier n'avait pas à se plaindre, car la garantie sur laquelle il comptait existait toujours, puisqu'elle n'avait fait que changer d'objet. Il avait l'action hypothécaire pour se faire mettre en possession. La préférence, en réalité, lui restait.

Outre le droit de préférence, l'hypothèque en conférait un autre, le droit de suite. Le créancier hypothécaire pouvait, à l'aide de son action, réclamer la chose entre les mains de tout détenteur, que ce fût le débiteur lui-même, un créancier hypothécaire postérieur ou son cessionnaire. Mais ce droit de suite était tempéré par une faculté accordée au détenteur, le *jus offerendæ pecuniæ*.

Dans le *pignus pignoris* nous retrouvons l'application de ce principe. Le second créancier a l'action hypothécaire; mais, pour les effets de cette action, nous devons distinguer entre les ayant-cause du premier créancier et ceux du débiteur. Relativement à ces derniers, comme personne ne peut transférer plus de droits qu'il n'en a lui-même, le second créancier se trouvait vis-à-vis d'eux dans la position de son cédant; il ne pouvait évincer que ceux qu'aurait pu évincer son auteur, c'est-à-dire les créanciers hypothécaires postérieurs et leurs ayant-cause ; de même, il était soumis au *jus offerendæ pecuniæ*, tel qu'il existait contre le premier créancier. C'était le montant de la dette de ce dernier qui déterminait la quotité des offres. Ainsi, quand même le premier créancier aurait engagé la chose pour une dette plus forte que sa créance, le débiteur et ses ayant-cause auraient pu n'offrir que ce qui lui était dû. Mais si ceux qui veulent user du *jus offerendæ* sont des ayant-cause du premier créancier, ils devront faire des offres comprenant tout ce qui est dû à celui auquel il les font.

Quant au *pignus nominis*, l'effet du droit de suite était de permettre au créancier gagiste de méconnaître les cessions des créances obligées, et le débiteur avait, à l'encontre des cessionnaires, l'exception qu'il pouvait opposer à son créancier. (L. 18, pr., D., *de pigner. act.*, f. Paul.) Mais, si le débiteur avait payé de bonne foi et dans l'ignorance de l'existence des hypothèques, l'action hypothécaire permettait de se saisir de l'objet payé.

Lorsque l'acheteur avait été ainsi évincé, quels étaient ses droits? Qu'il ait acheté du débiteur ou d'un créancier postérieur, il n'aura pas droit à la *condictio indebiti* contre son vendeur; il était tenu de payer le prix, il n'a fait qu'exécuter son obligation; son seul recours serait l'action en garantie contre le débiteur. Il pourrait cependant, s'il a payé entre les mains d'un créancier, agir contre lui pour qu'il lui cédât ses actions. (L. 13, D. *de distract. pign.*, 20, 5, f. Paul; L. 38, D. *de evictionibus*, 21, 2, f. Ulpien.) L'avantage qu'il en retirerait serait de lui donner une seconde action; à l'action *empti*, qu'il a déjà de son chef, se joindrait l'action *pigneratitia contraria*, comme cessionnaire. Toutes deux n'aboutissant pas au même résultat, il pourra, suivant les circonstances, employer l'une ou l'autre. Par l'action *ex empto*, il obtient la réparation du dommage que lui cause l'éviction. (L. 70, *de evictionibus*, 21, 2, f. Paul.) De telle sorte que, si le débiteur, dont la créance lui avait été vendue, est devenu insolvable, le dommage n'existant pas, il n'aura droit à rien ; tandis que l'action *pigneratitia* lui permettra toujours d'obtenir une indemnité. Dans tous les cas, la position de l'acquéreur était mauvaise ; il était toujours exposé à l'insolvabilité du débiteur, contre lequel il avait un recours en garantie. Aussi, valait-il mieux pour lui ne pas avoir payé le prix, car alors il pouvait opposer l'exception de garantie, même au créancier qui lui aurait vendu. (L. 68, pr. D., *eod.*, f. Papinien.)

III. — Nous avons vu que le Préteur, sous le système formulaire, pour arriver à forcer un débiteur au paiement, avait institué un moyen d'exécution à l'aide duquel le créancier se saisissait de certains objets appartenant à son débiteur, et les faisait vendre pour se payer sur le prix. C'était le *pignus in causa judicati captum.* Vers quelle époque fut-il introduit dans la jurisprudence des Romains? On ne le sait pas au juste. On a soutenu qu'il avait été introduit par un rescrit d'Antonin le Pieux, rapporté par Callistrate. (L. 9, D., *de re judicata,* 42, 1.) Mais il est probable qu'il a été imaginé bien antérieurement. (L. 15, pr. et § 1. D., *eod.*, f. Ulpien.) Les magistrats avaient depuis longtemps l'habitude d'ordonner des envois en possession. Ils ont pris ce moyen pour arriver à constituer un droit de gage semblable au droit de gage conventionnel. Les Empereurs seront probablement venus en aide au Prtéeur, pour le soutenir dans cette voie et donner à ces prescriptions la force qui leur manquait. Quoi qu'il en soit, à l'époque classique, ce droit de gage existe, complétement développé et réglementé. Le créancier est astreint à suivre certaines formes. Il doit s'adresser au magistrat, qui ordonnera à ses officiers, appelés *executores, apparitores, viatores,* de saisir certains biens. Cette saisie constituait, au profit du créancier, un véritable droit de gage donnant un droit de préférence sur le prix. Après un certain délai accordé au débiteur pour s'acquitter, on vendait et on arrivait ainsi au paiement. Telles étaient les règles générales applicables à toute espèce de bien. Mais, quant aux créances, on rencontrait quelques règles particulières que nous allons étudier brièvement.

D'abord, ce n'est qu'assez tard que l'on a permis de les assujétir à ce droit de gage. Pendant longtemps, il ne fut pas possible de les saisir, probablement à cause de la nature incorporelle que les Romains attribuaient à ces sortes de biens. (L. 15, § 8, D., *de re judicata*, f. Ulpien; Const., 4, C., *de executio. rei judicat.*, 7, 53, Const. Gordien.) Ulpien dit que c'est un rescrit de l'Empereur sous lequel il vivait qui a admis la saisie des créances. Ce rescrit est probablement, au Code de Justinien, la Const. 2 (*quando fiscus vel privatus*, 4, 15) d'Antonin Caracalla. Ce qui prouve, du reste, l'incertitude existant à ce sujet, même après la décision dont nous venons de parler, c'est que nous trouvons une autre constitution de Gordien (Const. 5, C., *de executo rei judicatæ*, 7, 53) qui, il est vrai, ne laisse plus de place au doute. Un des résultats de ces hésitations, attesté par les textes mêmes que nous venons de citer, se retrouve dans ce fait, que ce n'est qu'en dernier lieu, et à défaut d'autres biens, que l'on peut saisir les créances. L'ordre indiqué pour la saisie est celui-ci, d'abord les meubles corporels, puis les immeubles, puis enfin les créances. (L. 15, § 2, D., *de re judicata.*)

Cependant, pour saisir les créances, il n'est besoin qu'il

y ait absence complète de biens. Si le débiteur avait des biens litigieux, on n'en tenait pas compte, et l'on saisissait les créances. (Const. 2, C., *quando fiscus*, Const. Antonin.) On ne faisait, du reste, que leur appliquer une règle déjà édictée pour les immeubles. (L. 15, § 4, *in fine*, D., *de re judicata.*) Mais qu'arrivait-il si les débiteurs du saisi avaient nié leur dette? Les saisissants pouvaient-ils les poursuivre ou, au contraire, devaient-ils s'abstenir? Ulpien expose la question. (L. 15, § 9, D., *eod.*) Nous ferons d'abord observer que, lorsqu'il s'agissait d'une question non de créance, mais de propriété, le juge qui a ordonné la saisie était compétent pour la juger. (L. 15, § 4, D., *eod.*) C'était appliquer sur ce point, pour le dire en passant, le principe que les créanciers peuvent exercer les actions de leur débiteur. Ce pouvoir était extraordinaire, car les magistrats chargés d'ordonner la saisie étaient des magistrats inférieurs.

Fallait-il appliquer le même principe aux créances et donner aux créanciers le droit de poursuivre les débiteurs de leur débiteur? Ulpien, dont les tendances et l'esprit novateur sont connus, le proposait et l'aurait admis volontiers, s'il ne se fût pas trouvé en présence d'un rescrit qui dit formellement le contraire. (L. 15, § 9, D., *eod.*) Cette innovation était trop contraire aux principes de la législation romaine pour être admise. Les créanciers n'avaient pas les actions de leur débiteur et n'étaient pas ses mandataires. On aurait pu vendre la créance sans s'occuper des dénégations du débiteur. C'eût été peut-être le plus sûr moyen, car les créanciers euxmêmes, ayant la faculté de se porter adjudicataires, pouvaient faire monter le prix de la créance et empêcher les dénégations du débiteur de la faire vendre à vil prix; mais Ulpien paraît dire que, dans ce cas, il fallait s'abstenir. Aussi, lorsque le débiteur ne possédait que des biens litigieux, il ne restait au créancier qu'une ressource, c'était de faire prononcer l'envoi en possession, ce qui enlevait au débiteur l'exercice de ses droits pour les donner à un curateur. (L. 14, D., *de reb., auctor. judicis,* 42, 5, f. Paul.)

Quand une créance était saisie, que devaient faire les magistrats qui présidaient à la vente? Ils pouvaient ou demander le paiement au débiteur, afin de garder l'objet dû, comme *pignus in causa judicati captum,* ou vendre la créance elle-même, et attribuer le prix au créancier. Le choix entre ces deux partis était laissé complétement à leur appréciation. (L. 15, § 10, D., *de re judicata.*) La première faculté, celle d'exiger le paiement, n'est pas en contradiction avec cette règle que les créanciers ne peuvent saisir les créances que les débiteurs renient; car elle ne s'exercera que lorsque la dette sera reconnue par le débiteur.

DROIT FRANÇAIS

DE LA SUBROGATION DANS L'HYPOTHÈQUE ET SPÉCIALEMENT DANS L'HYPOTHÈQUE LÉGALE DE LA FEMME

INTRODUCTION

Dans notre ancien droit, la législation était essentiellement coutumière. C'était à la pratique qu'appartenait, en réalité, le rôle de législateur. C'était elle qui, par l'organe des Parlements, posait les principes du droit, ou les abrogeait, lorsqu'un changement dans les mœurs ou les idées rendait nécessaire un changement dans les lois. Aussi, dès qu'un besoin nouveau se faisait sentir, voyait-on se développer l'institution destinée à y donner satisfaction. Aujourd'hui, le rôle de l'interprète et du magistrat est plus modeste. Ils doivent accepter les principes établis par le législateur et se borner à en déduire les conséquences. Cependant ce rôle n'est tel qu'en apparence; car, si le législateur, oubliant son premier devoir, froisse un grand intérêt, méconnaît un besoin sérieux, la lutte s'établit aussitôt entre la loi et la pratique, et il est bien rare que le triomphe ne reste pas à cette dernière. Elle finit toujours, lorsqu'elle est l'expression d'un besoin réel, par abroger la loi ou par la tourner. C'est ce qui a eu lieu dans le développement de cette convention, appelée subrogation dans l'hypothèque légale.

Dans l'ancien droit, l'hypothèque étant générale, et résultant de tout acte authentique, la masse en était énorme. On chercha à l'utiliser comme moyen de crédit. On inventa le sous-ordre; on déclara que la collocation hypothécaire d'un créancier serait distribuée entre ses propres créanciers, par ordre d'hypothèque, pratique dont la véritable formule devait être donnée par Pothier: *l'hypothèque est susceptible d'hypothèque*. Sous la Révolution, se manifesta une réaction contre cette pratique. Mais, malgré la loi de messidor an III, qui la prohibait, malgré la loi du 11 brumaire an VII, et le Code Napoléon (2118), qui ne rangeaient pas l'hypothèque parmi les biens susceptibles d'hypothèques, la jurisprudence l'avait maintenue. Cette résistance opiniâtre contenait un enseignement. Le législateur de 1806 n'en tint pas compte, et abrogea formellement cette institution dans l'art. 778 (Code de proc., 775 nouveau). Le triomphe restait à la loi, mais en apparence seulement; car, du jour où l'hypothèque de l'hypothèque est devenue impossible, s'est introduit une nouvelle pratique qui en diffère dans la forme, mais qui, au fond, est destinée à la remplacer. On a pris une institution ancienne, celle des renonciations à l'hypothèque ; on a étendu son cercle d'application. Le sous-ordre était aboli, on a inventé la subrogation dans l'hypothèque ; institution bâtarde, d'une interprétation difficile, mais qui n'en atteint pas moins son but.

Cette nouvelle pratique devait rencontrer à sa naissance une opposition sérieuse. On a objecté qu'admettre la subrogation, c'était, en réalité, rétablir le sous-ordre ; que le législateur avait formellement édicté dans l'article 775 du Code de procédure : « Le montant « de la collocation du débiteur est distribué, comme « chose mobilière, entre tous les créanciers inscrits ou « opposants avant la clôture de l'ordre ; » que le résultat de la subrogation étant d'empêcher la collocation hypothécaire de se distribuer au marc le franc entre les créanciers, on arrivait toujours à violer la loi en modifiant un peu, à la vérité, la manière de procéder.

Au fond, l'objection est juste ; le sous-ordre et la subrogation dans l'hypothèque sont tous deux l'expression d'une même nécessité pratique, se manifestant en dehors des prescriptions, et même contre le gré du législateur, et aboutissent à un résultat identique ; mais la similitude dans les résultats ne suffit pas pour établir une similitude dans les prohibitions. Il est vrai que le Code de procédure a prohibé une opération tendant à faire profiter exclusivement un créancier de la collocation de son débiteur à l'exclusion des autres ; mais, conclure de là qu'il les a toutes prohibées, c'est étendre le cercle de la prohibition et dépasser le but du législateur. Remarquons-le, il s'agit d'annuler une convention. Dans notre législation, qui repose sur le principe de la liberté des conventions, du moment qu'une convention n'est contraire ni à l'ordre public, ni aux bonnes mœurs, il faut, pour la déclarer nulle, une disposition formelle de la loi ; ce n'est pas par interprétation qu'on peut le faire. En réalité, les deux opérations sont séparées par des différences profondes. Et d'abord, que prohibe exactement l'article 775? Dans l'ancien droit, nous l'avons dit, le sous-ordre avait trouvé sa dernière formule dans l'hypothèque de l'hypothèque. C'était le droit réel immobilier d'hypothèque qui était hypothéqué aux créanciers. On a voulu abroger ce principe, et on a dit que la collocation d'un créancier n'est plus qu'une chose mobilière, se distribuant entre ses propres créanciers comme toute autre chose mobilière. Le débiteur ne peut donc plus, aujourd'hui, conférer à un tiers une hypothèque sur son hypothèque. De même, un créancier à hypothèque générale ne peut plus, à ce titre, réclamer un rang de préférence sur la collocation attribuée à son débiteur. Mais cette mobilisation de l'hypothèque ne porte aucune atteinte au droit de cession du débiteur. C'est un bien aliénable et transmissible comme tout autre. Si donc le créancier vient prendre la collocation de son débiteur comme cessionnaire de son droit, il échappe complétement à l'article 775. Et, d'ailleurs, pour être logique dans le système que nous combattons, il faudrait aller jusqu'à empêcher l'exercice des priviléges généraux, qui s'opposent à la distribution au marc le franc de la créance hypothécaire, et même jusqu'à prohiber la cession de la créance elle-même.

Ainsi, en résumé, l'article 775 règle le droit commun ; il mobilise l'hypothèque; d'où la conséquence que la collocation se distribue, comme chose mobilière, entre les créanciers; mais la loi ne dit rien des cessions ; les prohiber en vertu de l'article 775, ce serait aller au-delà des termes et de l'esprit de cet article.

Cette objection est générale, mais il en est une autre, spéciale à l'hypothèque légale, et qui n'a pas plus de fondement, quoiqu'elle ait été reproduite très fréquemment devant les Cours impériales. La Cour de cassation l'a complétement repoussée dans son arrêt de 1845 (30 juillet, Dall., 46, 1, 322; V. Nîmes, 5 août 1862, Dall., 63, 2, 29).

On dit que la loi a, dans les articles 2144 et 2145, édicté les formes suivant lesquelles la femme peut arriver à se dépouiller de son hypothèque légale, et qu'admettre notre convention, c'est permettre au mari de débarrasser ses biens de cette hypothèque, sans remplir les formalités exigées par la loi, de telle sorte qu'on arrive à rendre illusoire, à cause de la faiblesse de la femme, une garantie donnée par le législateur lui-même contre cette faiblesse. Quelque séduisante que paraisse cette argumentation, la réponse est facile.

La loi doit protection à la femme mariée dont la fortune est toujours, en grande partie, à la discrétion de son mari; elle lui devait des garanties, et ces garanties ne pouvaient pas être facultatives, car il y avait à craindre que la trop grande confiance n'empêchât de les prendre au moment de la célébration du mariage. Toutefois, il ne fallait pas exagérer cette protection.

Chercher à garantir la femme à tout prix, c'eut été rétablir le sénatus-consulte Velleien et suivre une direction opposée à celle des législations modernes. Aujourd'hui, l'intérêt général, comme celui de la famille elle-même, exige que l'on facilite la circulation des biens, que l'on augmente les moyens de crédit. Interdire à la femme la cession de son hypothèque serait aller au rebours de ces tendances. Mais, d'ailleurs, les textes que l'on nous oppose ne visent pas les opérations que nous étudions en ce moment. L'hypothèse prévue par ces articles est la suivante : la femme veut anéantir absolument son hypothèque en faveur de son mari seul, et sur un bien de celui-ci. Alors la loi exige des formalités. Mais lorsque la femme transporte à un tiers, créancier ou non du mari, le bénéfice de son hypothèque, on est complétement en dehors de l'article 2144. Ici, loin de l'éteindre, elle en fait usage. Que si la femme consent à l'éteindre en faveur d'un tiers acquéreur, alors, il est vrai, l'opération se rapproche de celle prévue par la loi, mais elle en diffère en ce que le femme est, non pas en présence de son mari, mais d'un tiers, et que c'est en faveur de ce dernier, et sur un bien lui appartenant, qu'elle consent cette extinction. D'ailleurs, dans notre droit, le principe est que la femme, avec l'autorisation de son mari ou de la justice, est pleinement capable. Elle peut aliéner, dissiper ses biens; elle doit pouvoir aliéner ses garanties, sauf, bien entendu, le cas spécial des articles 2144 et 2145.

Au surplus, il faut reconnaître que toute controverse sérieuse a cessé depuis la loi du 23 mars 1855, sur la transcription, qui a imposé à la subrogation dans l'hypothèque légale des conditions de forme et de publicité que nous étudierons ultérieurement. La réglementer, c'est nécessairement en reconnaître la validité.

A la suite de ces discussions se sont élevées de très vives controverses, qui se continuent toujours, sur la nature propre et les effets de cette convention. Ici, nous nous trouvons en présence de contradictions sérieuses. Mais elles n'ont rien qui doive nous étonner; car il en a toujours été ainsi à l'égard de toutes les théories nouvelles. Avant de se poser comme doctrine juridique, elles doivent passer par la phase des discussions, preuves de l'incertitude qu'elles font naître dans les esprits. Du reste, en général, toute convention, à sa naissance, est d'abord mal formulée. L'intention des parties ne se dégage pas nettement des expressions employées. Ce n'est que peu à peu, à la longue, que l'on parvient à la préciser. Cette intention reconnue, il se produit deux courants d'opinion. L'un méconnaissant l'idée nouvelle, les besoins nouveaux, et repoussant l'introduction de toute doctrine non encore consacrée par la loi, cherche à la rattacher à l'une des dispositions existantes qui se rapproche le plus du but que se proposent les parties. L'autre, au contraire, l'acceptant sans restriction, la pose comme théorie à part ayant sa nature et ses effets propres. Et c'est seulement quand ce travail d'élaboration est terminé, que le législateur doit venir réglementer la nouvelle disposition. Ces phases diverses se retrouvent dans l'histoire de toutes les théories nouvelles, et, en particulier, dans celle de la subrogation dans l'hypothèque. Même, il en est peu qui aient présenté autant de difficultés d'interprétation, et jeté dans les esprits autant d'incertitude.

Cette convention, en usage dès l'ancien droit sous le nom de renonciation, mais alors peu connue et étudiée, quoique assez répandue, s'est développée en 1806, nous avons vu dans quelles circonstances. Les praticiens, voulant arriver à faire profiter les créanciers du mari des avantages de l'hypothèque légale, et n'y pouvant arriver à l'aide d'une hypothèque, ont imaginé une convention par laquelle la femme exprime l'intention de leur céder ses avantages, et ils l'ont dénommée subrogation dans l'hypothèque, parce qu'elle indiquait l'idée de substituer un créancier à un autre. Malheureusement cette dénomination de subrogation était déjà celle d'une opération prévue par la loi, et qui n'avait guère de commun avec la nôtre que le nom. Aussi, était-elle plus propre à obscurcir la question qu'à l'éclaircir.

A côté de cet inconvénient, il en est un plus grave, résultant de la manière dont les clauses de ce genre sont rédigées. Les notaires, mus par le désir de sauvegarder les intérêts qui leur sont confiés, et dans l'espérance d'augmenter la valeur et la portée de la convention, accumulent les expressions de cession et de délégation, de créances et d'hypothèque, de telle sorte qu'on comprend l'embarras des interprètes en face de pareilles clauses. Par exemple, on est souvent en présence d'une formule ainsi conçue : « La dame ***, pour plus de ga-« rantie du paiement de la créance, cède, délègue et

« transporte au créancier, qui a déclaré accepter, par « préférence à elle-même, jusqu'à concurrence de l'o- « bligation en principal, intérêts et frais, tous les « droits, reprises et créances qu'elle a et pourra avoir « à exercer contre son mari, et, *par suite*, le subroge « aussi, par préférence, dans son hypothèque légale « sur les biens de son mari. » (Dall., 67, I, 465.) Les clauses de subrogation contenues dans les formulaires de notaires que nous avons eu entre les mains sont à peu près semblables. On dirait qu'on s'est plu à accumuler les expressions inutiles et à cacher l'intention des parties; elle n'apparaît qu'à la fin et comme conséquence d'autres opérations qu'elles n'ont pas en vue. Si le notaire avait simplement dit : « et pour sûreté du « prêt, la dame *** subroge le créancier dans son hy- « pothèque légale sur tels et tels immeubles, jusqu'à « concurrence du montant de sa créance en principal, « intérêts et frais, » cette formule eût été à la fois plus simple et plus claire pour les juges comme pour les interprètes. D'autres fois, au contraire, l'intention des parties se manifeste d'une façon beaucoup trop laconique par la simple adhésion de la femme à un acte de son mari, adhésion manifestée par sa signature. Il faut alors chercher quelle a pu être exactement son intention. De là, de nouvelles controverses.

Enfin, nous rencontrons dans cette matière une difficulté spéciale, tenant aux formes diverses que peut revêtir cette convention, suivant l'effet plus ou moins complet que lui donnent les parties. Ce peut être ou une subrogation proprement dite, ou une renonciation expresse ou tacite, ou une cession d'antériorité, ou une promesse d'abstention; modifications d'un type unique, ayant un fonds commun, mais différant entre elles, tant par les circonstances dans lesquelles elles naissent que par les effets qu'elles produisent.

Toutes ces causes de difficultés devaient nécessairement produire dans la doctrine et la jurisprudence des incertitudes et des hésitations. Aussi voit-on les systèmes les plus divers naître de tous côtés; mais on reconnaît de suite qu'ils se classent en deux catégories. Certains auteurs, écartant toute idée nouvelle, cherchent à rattacher la subrogation dans l'hypothèque à la théorie ancienne qui leur paraît s'en rapprocher le plus; ainsi les uns y voient une cession de créance, d'autres une délégation, d'autres un nantissement. En face d'eux s'établit une doctrine nouvelle, voyant dans cette convention quelque chose qui n'était pas prévu par la loi et dont les effets devaient être déterminés en dehors des théories existantes. Elle regarde la subrogation comme une cession d'hypothèque, séparant l'hypothèque de la créance. Cette idée paraît aujourd'hui dominante, et c'est elle qui, en général, inspire les décisions de la jurisprudence.

L'importance et la multiplicité des clauses dont nous parlons devait amener le législateur à s'en occuper. Plusieurs fois des projets de réglementation furent proposés; diverses circonstances en empêchèrent la réalisation. En 1841, lors de l'enquête faite par le Gouvernement sur les modifications à apporter à la législation, trois Facultés de droit seulement s'occupèrent de la question de la subrogation à l'hypothèque légale, celle de Rennes, celle de Strasbourg et celle de Caen. La Faculté de Rennes, afin de couper court à tous les procès et à toutes les difficultés suscitées par la subrogation, proposa de ramener toutes ces conventions à un seul type produisant toujours le même effet. C'était violer le principe de la liberté des conventions. Elle demandait aussi que l'on consacrât l'opinion qui admet la possibilité d'une séparation entre la créance et l'hypothèque, et cela avec la majorité des auteurs. (Voir *Documents relatifs à la réforme hypoth.*, t. II.)

Les Facultés de droit de Strasbourg et de Caen admettaient également l'idée de ramener à un seul type toutes les conventions de cette nature, mais ce type était le moins efficace de tous, la renonciation.

Quant aux cours et tribunaux, tous s'étaient prononcés pour la possibilité d'une cession de l'hypothèque. Seulement les cours de Metz et de Pau, frappées des dangers que faisait courir à la femme la facilité avec laquelle elle cédait son hypothèque, demandaient que l'on exigeât, pour la validité de ces conventions, l'autorisation du tribunal, comme pour la réduction de l'hypothèque légale.

En 1851, lors de la discussion devant l'Assemblée législative, sur la réforme hypothécaire, la question fut reprise à nouveau. On voulut réglementer cette matière. Le projet du Gouvernement portait : « Les femmes « peuvent par acte authentique céder leur droit à l'hy- « pothèque légale, ou y renoncer en faveur des tiers.— « Les créanciers, au profit desquels a été cédée l'hypo-

« thèque légale, ne seront saisis du droit qui en résul-
« tera que par la mention de la cession faite en marge
« de l'inscription de la femme. — Les dates de ces men-
« tions déterminent l'ordre dans lequel les cessionnai-
« res exerceront les droits hypothécaires de la femme. »
Un autre article plus général, l'article 2139, portait :
« Le créancier à qui l'hypothèque a été consentie, ses
« héritiers ou ayant-cause pourront céder cette hypo-
« thèque ou son rang d'antériorité, mais seulement par
« acte authentique. » C'était admettre sans restriction aucune l'idée d'une séparation possible entre l'hypothèque et la créance et d'une cession de la première indépendamment de la seconde. La commission de l'Assemblée législative et celle du Conseil d'Etat repoussèrent cette solution par l'organe de leurs rapporteurs, MM. de Vatimesnil et Bethmont. Ils déclaraient l'impossibilité de la cession séparée de l'hypothèque, et présentaient des contre-projets dans lesquels, aux mots : céder l'hypothèque, on substituait ceux-ci : céder la créance hypothécaire, ou les droits à l'hypothèque.

On avait également repoussé le principe de la clandestinité de l'hypothèque légale; on obligeait la femme, comme sous la loi de brumaire, à prendre inscription. De même, on avait exigé la publicité des subrogations. Dès lors, il n'y avait plus qu'un seul mode indiqué dans les projets des trois commissions, c'était une mention en marge de l'inscription de l'hypothèque légale. Mais ensuite on revint à la clandestinité des hypothèques. Aussi les délégués des notaires demandèrent-ils qu'après ces mots du projet : « en marge de l'inscription de la femme, » on ajoutât ceux-ci : « ou par une inscription directe à leur profit. » Sur ces observations, la commission de l'Assemblée législative refondit l'article et présenta à son adoption, en troisième lecture, l'article 2148, ainsi conçu : « La femme peut, « par acte notarié, céder son hypothèque légale, y su- « broger ou y renoncer en faveur d'un tiers, sous la « restriction déterminée par l'article 2104. — Celui au « profit duquel a été faite la cession, subrogation ou « renonciation, prévue par le paragraphe précédent, « n'est saisi à l'égard des tiers ayant-droit du chef de « la femme, que par la mention de ladite cession, su- « brogation ou renonciation en marge de l'inscription « de l'hypothèque légale, si elle a été prise, et, si cette « inscription n'existe pas, par l'énonciation du droit « qu'il tient de la femme, soit dans l'inscription de sa « propre créance contre le mari, soit dans une inscrip- « tion spéciale. — Entre plusieurs ayant-cause de la « femme, la préférence est déterminée par la date des « mentions ou inscriptions. » Nous verrons plus tard quelles différences séparent cet article de l'article 9 de la loi de 1855, et pourquoi il est utile de comparer ces deux textes.

Ce projet aurait probablement triomphé devant l'Assemblée législative, sans les événements politiques qui suivirent et qui interrompirent tous les travaux.

Cependant les inconvénients et les anomalies que l'on rencontrait dans ces conventions, la dispense de forme et de publicité soulevaient des réclamations continuelles. Quand il s'est agi de créer les sociétés de crédit foncier, on s'est trouvé en présence de ces hypothèques occultes. Pour les protéger plus énergiquement, on organisa un système de purge plus simple et plus rapide que celui du Code Napoléon. (Art. 20 et suiv. du décret du 28 février 1852 sur les soc. de créd. fonc.) On dérogea aux règles générales en permettant au prêteur lui-même de purger, tant à l'égard de la femme que des subrogés, si la femme ne voulait ou ne pouvait subroger le crédit foncier lui-même. C'était certainement admettre la validité de la convention. Les sociétés de crédit foncier étaient ainsi protégées; mais, dans tous les autres cas, les inconvénients subsistaient. Aussi, lors de la reprise des projets sur la transcription, on s'occupa également d'obvier aux inconvénients des subrogations. Tel fut le but de l'article 9 de la loi du 23 mars 1855.

Par cette loi, on portait remède aux deux plus grands inconvénients de la subrogation à l'hypothèque légale: abandon trop facile des sûretés que la loi accorde à la femme, et clandestinité non justifiée d'un droit de préférence en faveur d'un tiers. On exigea, d'une part, l'authenticité de l'acte constitutif de subrogation, et, d'autre part, sa publicité par une inscription ou une mention.

Tel a été le rôle du législateur dans la convention que nous nous sommes proposés d'analyser.

Dans un premier chapitre, nous étudierons la théorie du sous-ordre, son origine, son mode de développement.

Dans le second, nous rechercherons la nature et les effets généraux de la subrogation dans l'hypothèque.

Les différentes modifications que peut revêtir cette convention composeront le troisième chapitre.

Le quatrième, sera consacré aux conditions de forme et de publicité imposées par la loi de 1855.

Enfin, dans un dernier chapitre, nous donnerons quelques idées générales sur la capacité de la femme en matière de subrogation. Cette partie n'est du reste que l'application, à notre matière, des principes et des règles posées dans le titre du contrat de mariage.

CHAPITRE PREMIER

Du sous-ordre.

On a souvent répété que l'origine de la subrogation à l'hypothèque légale était dans le sous-ordre. Cette idée est très juste, mais en ce sens seulement que ces deux institutions sont l'expression d'un même besoin, et se remplacent l'une l'autre. Car il ne faudrait pas croire que la subrogation, telle que nous l'entendons aujourd'hui, fût inconnue dans l'ancien droit. Elle se montrait sous forme de renonciation ; nous en dirons quelques mots à la fin de ce chapitre ; ce n'étaient que les premiers germes d'une institution peu utile et peu connue à cette époque. Ce qui en empêchait le développement, c'était l'existence du sous-ordre. Comment est née cette pratique? Comment s'est-elle développée? Quels effets produisait-elle? Quels sont ses avantages sur la subrogation? Tels sont les points que nous allons successivement examiner.

Dans l'ancien droit, on le sait, surtout aux XVIe et XVIIe siècles, la fortune immobilière était seule estimée. On regardait les meubles comme ne constituant pas une véritable richesse ; *mobilium vilis possessio*, disait-on. L'ignorance complète de la puissance du crédit les réduisait aux meubles corporels, et la facilité avec laquelle ils changeaient de main leur ôtait, aux yeux de tous, une partie de leur valeur. Celui qui n'aurait eu qu'une fortune mobilière, quelque grande qu'elle fût, n'aurait jamais passé pour véritablement riche aux yeux de ses concitoyens. Il en était tout autrement du possesseur de biens immobiliers, qui seuls, disait-on, présentaient une assiette solide. Aussi, la fortune immobilière était-elle beaucoup plus recherchée. Cette préférence se basait encore sur un autre motif. Les immeubles seuls étaient susceptibles de la qualité de propres de succession, et l'existence de ces sortes de biens, dans une famille, était une cause de considération. Une personne qui aurait eu une fortune moyenne, composée d'immeubles lui venant de ses ancêtres, aurait été bien plus respectée que telle autre jouissant d'une grande fortune, mais dans laquelle on ne comptait pas de propres. De même, à l'origine, les immeubles seuls formaient des propres de communauté.

De là naquit une tendance très marquée à assimiler les meubles aux immeubles. Que l'on consulte les recueils d'arrêts du XVIe et de la première moitié du XVIIe siècles, on retrouve, à chaque page, la trace de cette idée. Ainsi, on sait que les offices, que les rentes foncières ou constituées à Paris et à Orléans avaient été considérées comme de vrais immeubles. Même pour les créances ordinaires, on voit s'établir une lutte continuelle. Si elles proviennent d'un propre, on cherche à leur conserver cette qualité; et les héritiers aux propres arrivent quelquefois à faire triompher leur demande. Par exemple, on considère comme immeuble propre, dans la succession d'un mineur, les deniers provenant de la vente d'un immeuble propre. (Arrêt de juillet 1629. Rec. de Pierre Bardet, t. I, p. 356.)

Spécialement en ce qui concerne le contrat de mariage et la communauté, nous voyons la jurisprudence multiplier ses solutions. Les parents, en mariant leurs enfants, stipulent que les deniers dotaux seront réputés propres, non-seulement de communauté, mais encore de succession. Quelle est la valeur, quelle est la portée de cette immobilisation? Sur ce point, il y a des hésitations; on trouve des arrêts contradictoires; cependant la jurisprudence tend plutôt à valider ces clauses. Ainsi, il y a un arrêt du Parlement de Paris, du 22 décembre 1610, qui donne la solution suivante :

« La destination des deniers dotaux, où la stipulation « porte simplement que les deniers tiendront nature de « propre à la future épouse et aux siens, ou bien qu'ils « tiendront nature de propre à la future épouse et aux « siens de côté et ligne. La première stipulation n'im- « prime aucune qualité d'immeubles, sinon pour la « femme et ses enfants; si la mère et les enfants meu- « rent, le père survivant succède aux deniers non em- « ployés. *Secus*, pour la seconde stipulation, les deniers

« appartiennent à l'héritier des propres. » (Claude de la Ville, *Diction. des Arrêts*, Let. D., c. 15, n° 3187. Voir aussi les *Recueils d'Arrêts* de Papon, Bardet, Le Prestre: v° : Deniers stipulés propres.)

Le plus souvent les deniers étaient donnés avec obligation de les convertir en héritages, et si la conversion n'était pas faite, cela n'empêchait pas de considérer les deniers comme propres.

Jusqu'ici nous avons vu la question se débattre entre les héritiers et successeurs universels ; elle devait aller plus loin. En cas de stipulation de propre, en général, non-seulement les héritiers, mais même les ayant-cause, tels que les créanciers, pouvaient-ils invoquer la clause pour faire considérer comme immeubles, à leur égard, les deniers réalisés? Ils y avaient un grand intérêt ; car, ces deniers étant immeubles, devaient se distribuer par ordre d'hypothèque, et non au marc le franc. C'est ici que nous voyons apparaître la théorie du sous-ordre.

Les créanciers pouvaient invoquer deux textes à l'appui de leurs prétentions.

La coutume de Paris, au titre de la division des biens (art. 93 nouv.), disait : « Somme de deniers donnés par « père, mère, aïeul ou aïeule, ou autre ascendant, à leurs « enfants, en contemplation de mariage, pour être « employés en achat d'héritages, encore qu'elle n'ait été « employée, est réputée immeuble à cause de la desti- « nation. » Le texte ne distinguait pas ; mais on discutait pour savoir quels étaient ceux qui pouvaient invoquer sa disposition.

L'autre texte était beaucoup plus formel encore. C'était l'article 17, chap. XXIII, de la coutume du Nivernais : « Deniers de mariage sortissants nature d'héri« tage, assignés ou promis d'assigner, sont censés « immeubles et héritage pour la femme, ses héritiers « et ayant-cause. » Ce texte est précis, quoiqu'on y ait opposé l'interprétation assez vague, du reste, qu'en donne Dumoulin : « *Hoc est indistincte verum contra « maritum, sed non respectu aliorum, nisi esset assi« gnatio annua, et sic habens vim immobilis.* » A l'égard de qui fait-il une restriction? Nous ne le voyons pas exactement.

Les créanciers ont profité de ces textes, de la tendance de la jurisprudence pour arriver à faire considérer les deniers dotaux comme immeubles, et colloquer leurs créances par ordre d'hypothèques.

Cette prétention des créanciers a dû se montrer au commencement du XVIIe siècle; car, avant cette époque, on ne trouve dans la jurisprudence aucune décision admettant ou même repoussant le sous-ordre. Les premiers arrêts où il en soit fait mention sont des arrêts du parlement de Bourgogne, de 1619, 1622 et 1623, rapportés par Perrier (*Recueil d'Arrêts* du parlement de Bourgogne, v° : Collocat. utile, t. II, p. 791), et qui repoussent cette doctrine.

Il est probable que, à cette époque, on cherchait également à l'introduire au parlement de Paris.

Le premier arrêt que nous ayons trouvé dans les recueils est celui de 1629, mentionné par Pierre Bardet (*Recueil*, t. II, p. 483), à propos d'un autre du 13 décembre 1638. D'après un passage de Brodeau sur Louet, il est à croire qu'ils ne tranchaient la question que pour certaines créances de la femme. (Let. D., nomb. 66, *in fine.*) « Auparavant ces arrêts et préjugés, dit-il, on « faisait distinction entre les dettes réelles, comme « les deniers stipulés propres et destinés en acquisition « d'héritages ou rentes, le remploi des propres, le « douaire et autres semblables, et les mobilières, « comme le préciput, la chambre meublée et les in- « térêts ou arrérages échus, sur lesquelles les créan- « ciers venaient selon la date de leur saisie, quand on « n'était point au cas de la déconfiture, et contribution « au sol la livre. C'est l'espèce d'un arrêt donné en la « Grand'-Chambre, au rapport de M. Pidoux, le 10 avril « 1629. Il est dit que les créanciers seront payés selon la « date de leur saisie. » Ainsi, cette pratique est née par suite de l'extension donnée à la clause de réalisation ; et la preuve de cette origine se montre dans les premiers arrêts qui l'admettent ou la repoussent. En outre, que l'on recherche dans tous les recueils de Jean Dufresne, Claude de la Ville, Le Prestre, Bardet, etc., c'est toujours aux mots : *deniers stipulés propres*, *deniers donnés avec assignation*, que l'on trouve les premières traces du sous-ordre. Brodeau, dans le passage que nous citions tout à l'heure, l'affirme de la manière la plus formelle, et toutes nos recherches n'ont fait que confirmer ses assertions.

Cette pratique ne pouvait pas en rester là. De la clause de réalisation, elle devait être étendue à toutes les créances de la femme, et Brodeau (*loc. cit.*) constate cette extension à propros d'arrêts de 1642 et de 1643, qui permettaient aux créanciers d'une femme mariée de se distribuer ses créances hypothécaires par ordre d'hypothèque. Alors un brusque changement se produit dans la suite des idées; l'origine du sous-ordre est perdue; l'explication première est oubliée, et cela dès 1638, (Bardet, *Recueil*, t. II, p. 484). Pour arriver à en donner une autre, on a recours à un ordre de considération tout différent.

Dès le XVIe siècle, on discutait très vivement pour savoir si les deniers prêtés avec hypothèque doivent être considérés comme meubles ou immeubles de succession, et, sur ce point, la jurisprudence était très hésitante. Ainsi Charondas (*Réponses*, liv. 7, rép. 146) dit : « Celui auquel avait été engagés certains héri-
« tages, pour un prix qui lui devait être rendu dans
« quelque temps, décède sans être remboursé, jouissant
« de l'héritage engagé. Après son décès, les deniers sont
« payés. On demande s'ils sont réputés meubles ou im-
« meubles pour appartenir aux héritiers mobilières ou
« immobilières. Il semble, selon la nature du contrat,
« que tels deniers sont meubles, tant eu égard à la
« cause d'icelui que pour l'événement qui s'en serait
« suivi. Aussi, l'événement a démontré que ce n'était
« qu'un prêt pignoratif, d'autant que les deniers ont été
« rendus, et n'y a plus que des deniers qui sont meubles.
« Toutefois, le contraire a été jugé plus civil et juste.
« Par arrêt de la Cour du 23 août 1585 a été jugé que
« tels deniers de contrat pignoratif, rendus après le
« décès de l'acquéreur, sont réputés immeubles. » Cette idée de l'immobilisation de la créance, par assimilation

à l'hypothèque qui la grantit, était restée en suspens dans la première moitié du XVIe siècle. Lorsque, vers 1650, on se trouva en présence du sous-ordre appliqué à toutes les créances de la femme, pour l'expliquer, on se rejeta sur cette idée qui devait triompher rapidement, appuyée qu'elle était par les créanciers hypothécaires, si nombreux à cette époque ; car, on le sait, tous les actes authentiques emportaient hypothèque, et toutes les hypothèques étaient générales. Du reste, il nous a été impossible de saisir exactement vers quelle époque s'était produit ce changement dans les idées. Bruneau (*Des Criées*, p. 86) cite, comme général, un arrêt de 1640, mais il ne se rapporte qu'à la femme. Ce qu'il y a de certain, c'est qu'en 1673, le sous-ordre était fermement et complètement établi. Colbert, dans son édit du mois de mars de cette année, sur la publicité des hypothèques, le réglementait (art. 36-38). De Héricourt, qui nous a fourni cette seconde explication du sous-ordre, comme Brodeau nous avait donné la première, s'explique en ces termes : « Il n'est pas facile de découvrir sur quoi « est fondée cette jurisprudence. Il semble que, si l'on « voulait décider cette question sur les principes géné- « raux de notre jurisprudence, il faudrait suivre les « mêmes règles dans la distribution des collocations en « sous-ordre que dans les saisies des sommes mobiliai- « res. En effet, un créancier n'a pas d'hypothèque sur « les immeubles du débiteur de son débiteur.... Ainsi, « l'action qui donne lieu à l'opposition en sous-ordre « de se pourvoir, ne tendant qu'à être payé d'une « somme, est purement mobiliaire, et ce qui en pro-

« vient paraîtrait devoir être distribué comme mobi-« lier.... Il y a beaucoup d'apparence que ce n'est qu'en « conséquence d'une fiction, que s'est introduit l'usage « de colloquer les créanciers opposants en sous-ordre, « suivant l'ordre d'hypothèque. On a regardé le créan-« cier opposant au décret des biens hypothéqués à son « débiteur, comme étant lui-même saisie d'une partie « du fonds, jusqu'à la concurrence de ce qui lui est dû, « de manière que les créanciers de ce créancier acqué-« raient un droit réel sur ce fonds, qui était le gage « que l'opposant en sous-ordre saississait par son oppo-« sition, et qu'il faisait vendre, pour être payé de ce « qui lui été dû. » (*Des Criées*, ch. II, sect. 2, n° 2).

Cette assimilation de la créance à un immeuble n'était, au fond, qu'une erreur. De Héricourt le reconnaît lui-même, et tous les auteurs avec lui. La doctrine avait encore un pas à faire pour arriver à la véritable explication de cette pratique, qui s'était imposée, malgré de vives controverses et l'embarras où étaient ses défenseurs de la justifier. C'est Pothier qui devait en donner la véritable formule. C'est lui qui, le premier, devait poser en principe que l'hypothèque était un bien immeuble susceptible d'hypothèque. (Pothier, *De l'Hypoth.*, c. I, sect. II, § 1; Introd. au tit. 20, Cout. d'Orléans, n° 21, et au tit. 21, n°s 141 et 142.) « Tous les « immeubles qui sont dans le commerce sont suscep-« tibles d'hypothèque; non-seulement les héritages, « mais pareillement les droits réels, même les rentes « constituées et les offices. A l'égard des meubles, ils « ne sont pas, dans notre coutume, susceptibles de

« l'hypothèque proprement dite. Quoique, suivant ce « principe, les créances mobiliaires, que j'ai contre des « tiers, ne soient pas par elles-mêmes susceptibles d'hy- « pothèque envers mes créanciers, néanmoins, le droit « d'hypothèque, que j'ai sur les immeubles de mon « débiteur pour raison de quelqu'une de ces créances, « est hypothéqué à mes créanciers auxquels j'ai obligé « tous mes biens; c'est pourquoi, si quelqu'un de ces « immeubles ayant été vendu par décret, je suis collo- « qué par ordre d'hypothèque sur le prix pour ma « créance mobiliaire, mes créanciers hypothécaires, « qui auront formé opposition en sous-ordre, touche- « ront, par ordre d'hypothèque, la somme pour la- « quelle j'ai été colloqué.» (Intr. au tit. 20, n° 21, Cout. d'Orléans.)

La pratique du sous-ordre n'était pas admise partout dans l'ancienne France, et, dans certains pays, elle l'était par des motifs autres. Ainsi, dans tout le Midi, dans les coutumes de Normandie, de Bretagne, du Maine et de l'Anjou, elle avait toujours existé, parce qu'on y admettait l'hypothèque des meubles, comme dans le droit romain. Elle s'appliquait aux créances hypothécaires ou non ; il n'y avait donc rien de particulier en ce qui touche l'hypothèque. (Basnage, *Des Hypoth.*, ch. III, n° 4.) D'autre part, dans les pays proprement appelés coutumiers, elle ne s'était pas étendue partout; le parlement de Dijon refusa toujours de l'admettre. Une déclaration du 30 décembre 1681 y assujettit les deniers provenant des créances dotales. Mais le parlement maintint sa jurisprudence pour les autres cas. Thibault l'affirme (*Des Criées*, ch. 15, § 3, nos 29-31). « Cette déclaration, dit-il, n'a, ce semble, fait aucun « changement dans la jurisprudence de ce Parlement « par rapport aux collocations utiles des créanciers « qui ont formé opposition aux décrets : ce sont de « purs effets mobiliers qui ne doivent point être regar- « dés sur le même pied que les deniers dotaux. Ainsi, cette jurisprudence ne se trouvait, en réalité, pratiquée que dans le Nord et dans le ressort du Parlement de Paris.

Les choses en étaient là, lorsqu'éclata la Révolution. Elle ne changea rien à la doctrine émise par le Parlement de Paris. Mais alors commence une lutte entre la législation et la jurisprudence, lutte qui devait, comme nous l'avons déjà dit, aboutir à l'article 775 (Pr.) et au triomphe apparent de la législation. La loi de messidor an III, réglant la procédure du sous-ordre, avait dit dans son article 90 : « Dans le concours entre plusieurs « opposants en sous-ordre sur un même débiteur, au « cas d'insuffisance pour les solder, il n'y a lieu a au- « cune distinction, aucune préférence ni ordre d'hypo- « thèque sur les deniers qui lui appartiennent, lesquels « doivent être distribués entre eux au marc la livre. » C'était abolir le sous-ordre et régler une procédure de contribution. Mais cette loi, votée par la Convention, ne devait entrer en vigueur, aux termes de l'article 276, que le 1er nivôse an IV; le terme fut prorogé, et elle fut oubliée au milieu des événements politiques. Quoi qu'il en soit, c'était montrer nettement l'intention du législateur. La jurisprudence n'en tint aucun compte. La loi de brumaire exprimait, en d'autres termes, la même intention. Art. 6 : « Sont *seuls* susceptibles d'hypo« thèques : 1° les biens territoriaux transmissibles, en« semble leurs accessoires inhérents; 2° l'usufruit, « ainsi que la jouissance, à titre d'emphythéose, des « mêmes biens pour le temps de leur durée. » Il est évident que la loi ne comprenait pas l'hypothèque parmi les biens transmissibles, et, néanmoins, l'hypothèque fut toujours considérée, en pratique, comme susceptible d'hypothèque. Le dernier arrêt est du 15 frimaire an XII. (Sirey, t. Ier, II, 166.) Le Code Napoléon reproduisant à peu près la disposition de la loi de brumaire (art. 2118) exprimait la même intention. Enfin, dans le Code de procédure, on voit reparaître la disposition de la loi de messidor an III (article 778 ancien), qui ordonnait la distribution au marc le franc, entre les créanciers, de la collocation hypothécaire de leur débiteur. La pratique hésita, puis se soumit, en apparence au moins.

Cette persistance dans la pensée du législateur n'a rien, du reste, qui doive nous étonner; car ce sont les mêmes hommes qui, d'abord, comme membres de la Convention, et des Conseils sous le Directoire, puis conseillers d'Etat sous le Consulat et sous l'Empire, ont rédigé et discuté toutes les lois nouvelles. Les efforts persévérants de la pratique devaient pourtant leur faire voir qu'il y avait là l'expression d'un besoin réel, auquel le devoir du législateur était de donner satisfaction. Une bonne hypothèque vaut un immeuble, a-t-on dit depuis longtemps; il est légitime de chercher à s'en servir comme moyen de crédit. Dans l'ancien droit, on l'avait obtenu par l'hypothèque de l'hypothèque ; aujourd'hui, on cherche à l'obtenir au moyen de la subrogation dans l'hypothèque. Quel est des deux procédés celui qui est le meilleur? C'est ce que nous allons rechercher. Et d'abord, quel était le mode de fonctionnement du sous-ordre?

Nous avons dit que c'était l'hypothèque de l'hypothèque. Ce droit appartenait donc à tout créancier hypothécaire. Le droit de préférence s'exerçait parce qu'on a appelé l'*opposition en sous-ordre*. C'était l'application à l'hypothèque de l'*opposition à fins de conserver*, que pratiquaient sur les autres immeubles les créanciers hypothécaires. Lorsqu'un héritage était vendu par décret, les créanciers hypothécaires formaient *opposition au décret, à fins de conserver leur collocation*. De même, les créanciers de ce créancier devaient former opposition au décret; car, comme le dit Dumoulin : « *décret nettoie toutes hypothèques.* » Le décret éteignant toutes les hypothèques, les créanciers en sous-ordre qui voulaient saisir celle de leur débiteur devaient, comme les créanciers ordinaires, former opposition avant que le décret eût été scellé.

Passé ce moment, l'opposition, afin de conserver, et l'opposition en sous-ordre, auraient frappé une chose mobilière, le prix, et la distribution aurait eu lieu par contribution ou dans l'ordre des oppositions, suivant qu'on se serait trouvé ou non au cas de déconfiture. L'opposition faite à temps, on ouvrait sur la collocation un sous-ordre dont la procédure avait été fixée par deux arrêts de règlement du Parlement de Paris des 22 août et 25 septembre 1791. Ils décidaient : 1° que les oppositions en sous-ordre seraient jugées par un jugement séparé, après le jugement sur l'ordre; 2° que les frais du sous-ordre seraient pris exclusivement sur la collocation sur laquelle se faisait le sous-ordre. Ce ne sont que les règles de la procédure d'ordre appliquées à ce que Pothier appelle si justement le prix de l'hypothèque.

Quant au droit de suite, il existait déjà en ce sens que, tant que l'immeuble restait hypothéqué entre les mains d'un tiers détenteur, les créanciers en sous-ordre pouvaient se prévaloir de leur droit. Mais ce n'était pas là, en réalité, le droit de suite sur l'hypothèque. Il eût consisté dans le droit d'en méconnaître toute aliénation avec ou sans la créance. Son existence n'est pas constatée d'une manière absolue. Elle est néanmoins assez probable; car la déclaration de 1681, qui imposait la règle du sous-ordre au parlement de Bourgogne, en ce qui touche les reprises de la femme, l'admettait formellement. « Disons, voulons et nous plaît, dit la déclara- « tion, qu'à l'avenir les créanciers légitimes des fem- « mes, qui seront obligées dans leur contrat, et étant « opposants, comme exerçant leurs droits, seront payés « sur les dots, préciputs et autres avantages desdites « femmes, suivant la date et ordre de leurs hypothè- « ques, sans que les *saisies et cessions des droits dotaux* « *desdites femmes ci-devant faites et celles qui se feront* « *ci-après, tant avant que pendant les décrets, pussent* « *acquérir aucune préférence auxdits saisissants et ces-*

« *sionnaires, au préjudice des créanciers, qui se trouve-* « *ront leur être antérieurs en hypothèque.* » Ces derniers avaient donc le droit de méconnaître les cessions de créances et d'hypothèque. Mais lorsque ces créances étaient vendues, étaient-elles distribuées en sous-ordre? Rien ne l'indique; cependant, pour être logique, il nous semble difficile de ne pas aller jusque-là. Il faut ou mobiliser l'hypothèque, ou immobiliser la créance; c'est tout l'un ou tout l'autre. On ne peut admettre que, suivant le hasard des circonstances, suivant que ce sera la créance ou le bien hypothéqué qui sera vendu, le prix soit partagé par ordre ou par contribution entre les créanciers.

Ainsi, en réalité, dans l'ancien droit, l'hypothèque de l'hypothèque se réduisait à un droit d'opposition sur le prix de l'immeuble hypothéqué, lorsqu'il était vendu, ce qui constituait des différences sérieuses avec l'hypothèque des autres biens, et la réduisait à n'être qu'une procédure.

Les créanciers ne pouvaient pas faire vendre l'hypothèque pour se payer sur le prix; ils pouvaient seulement méconnaître les cessions de créances. Du reste, au moment où a éclaté la Révolution, cette pratique était loin d'être arrivée à son développement. Pothier venait seulement d'en donner la formule vraie; l'idée nouvelle n'avait pas eu le temps de germer dans les esprits.

Malgré ses imperfections, cette institution était-elle préférable à la subrogation dans l'hypothèque? A nos yeux, cela ne fait pas doute, et il serait à souhaiter qu'aujourd'hui, où l'on s'occupe de la réforme du Code de procédure, le législateur revînt sur ses décicions précédentes, et modifiât la disposition de l'article 775. La pratique et la doctrine y gagneraient beaucoup. On supprimerait, du même coup, toutes les difficultés que l'on rencontre à chaque pas dans notre matière.

« On pourrait croire, au premier abord, dit M. Beu-« dant, dans la remarquable brochure qu'il a publiée « sur la subrogation dans l'hypothèque (p. 68), que ce « retour vers le passé ne serait qu'une réforme stérile, « les résultats devant rester les mêmes, quelque parti « que l'on prenne. Ce serait une erreur à un double « point de vue.

« Il y a toujours avantage dans la vérité. Si la théorie « des subrogations à l'hypothèque présente tant d'in-« certitude et de difficultés, si elle est une des plus em-« barrassantes que puisse rencontrer le praticien et le « jurisconsulte, cela tient à ce qu'elle procède d'un « principe équivoque et extra-légal. Elle est un pro-« cédé imaginé, tantôt pour écarter l'application de « l'article 775, tantôt pour étendre celle de l'article « 2118. Tout le monde s'accorde à reconnaître qu'il « doit être possible d'affecter les droits hypothécaires, « comme sûretés spéciales; la pratique a recours, dans « ce but, à des expédients divers...

« Que l'on admette, au contraire, que l'hypothèque « est susceptible d'hypothèque, la règle concordera avec « les faits. La théorie, s'emparant d'un principe simple « et connu, en fera naturellement découler les consé-« quences; la formule de Pothier procède rigoureuse-

« ment; elle est une doctrine, non un expédient. »

Nous devons reconnaître que les idées ont fait un progrès en ce sens. Le législateur va toujours appliquant à la subrogation les règles de l'hypothèque, et, si nous comparons actuellement les deux institutions, nous trouverons des ressemblances nombreuses tant quant au fond que quant à la forme. Comme l'hypothèque, la subrogation suppose, chez celui auquel on la concède, la qualité de créancier; car c'est une sûreté qui lui est donnée. Depuis la loi de 1855, on exige, pour l'une comme pour l'autre, l'authenticité. La nécessité d'une publicité leur est imposée à toutes deux ; la forme et les effets de cette publicité sont les mêmes. Le créancier subrogé jouit sur la collocation d'un droit de préférence, comme le créancier hypothécaire sur le prix de l'immeuble hypothéqué. Enfin, le subrogeant éteint la subrogation, en payant le subrogé, comme un débiteur ou détenteur éteint l'hypothèque, en payant son créancier. Les ressemblances, on le voit, sont frappantes. Cependant, il existe encore des différences profondes qu'il faudrait effacer; nous signalerons d'abord une lacune dans la loi de 1855. Elle ne parle que des subrogations à l'hypothèque légale ; elle laisse en dehors toutes les autres, de telle sorte que, encore aujourd'hui, toute subrogation dans une hypothèque, autre que l'hypothèque légale, peut se faire par acte sous-seing privé, et est opposable à tous, du moment où elle a acquis date certaine. Nous appliquons les principes généraux, la translation d'un droit réel est valable *erga omnes*, du moment où la loi ne la soumet pas à la publicité. C'est là un point important à noter (2134). — (V. Cass., Dev., 60, I, 613.) A côté de cette différence, spéciale à certaines subrogations, s'en placent d'autres générales.

Tandis que l'hypothèque peut résulter des jugements et de la loi, la subrogation dans l'hypothèque ne peut s'opérer qu'en vertu d'une convention ; en cela elle est plus restreinte. D'où la conséquence que, pour les créanciers à hypothèque générale, les hypothèques que possède leur débiteur ne sont pas une garantie. Par exemple, la femme est condamnée judiciairement au paiement d'une somme, il en résulte une hypothèque, non une subrogation. (Cass., 14 mars 1865 ; Dall., 65, I, 129.) Si on admettait, au contraire, l'hypothèque de l'hypothèque, les créanciers verraient leur gage augmenter d'autant.

A un autre point de vue, et c'est le plus grave reproche qu'on puisse lui adresser, la subrogation se présente sous des faces multiples, suivant les besoins de la pratique, et très difficiles à déterminer. « La convention « de subrogation, dit M. Beudant (p. 69), semble se dérober à l'analyse ; elle a des allures empruntées et « changeantes, qu'aucune théorie ne parvient à discipliner. » De là, des difficultés énormes en pratique. La convention d'hypothèque, au contraire, est nette, précise ; la théorie en est posée et ne donnerait lieu à aucun embarras.

Quant aux effets, la différence qui existe entre la subrogation et l'hypothèque est à nos yeux plus théorique que pratique, car l'effet sera toujours de faire profiter un créancier de tout ou partie de la collocation hypothécaire, à l'exclusion des autres.

Ces différences ne sont après tout que des conséquences d'une autre plus profonde tenant à la nature même de chacune des opérations que nous comparons. La subrogation dans l'hypothèque est une cession, un transport des droits hypothécaires, ce qui explique la nécessité d'une convention et la multiplicité des formes qu'elle revêt. Au contraire, l'hypothèque est une garantie admise et réglementée par la loi.

Ce sont toutes ces différences que nous souhaiterions voir disparaître de la législation, surtout lorsque l'occasion se présente de le faire par suite de la réforme du Code de procédure. Qu'on n'objecte pas qu'il faudrait aussi modifier le Code Napoléon. Il n'y en aurait pas besoin. On se trouverait, il est vrai, tacitement modifier le texte de l'art. 2118, en admettant ce principe; mais il suffirait de laisser la jurisprudence et la doctrine en déduire les conséquences. En acceptant cette donnée, on éviterait bien des embarras et des contradictions.

Nous avons dit que, pour remplacer le sous-ordre, on avait pris une convention en usage dans l'ancien droit, la renonciation à l'hypothèque. Cette convention, quoique fort peu étudiée, se rencontrait assez fréquemment. Un créancier hypothécaire, la femme en particulier, adhérait à l'acte par lequel des biens étaient hypothéqués, consentait à tenir son hypothèque comme non avenue à l'égard d'un autre, et manifestait ce consentement par sa signature apposée au bas de l'acte; de là cet adage : *Qui signe un contrat renonce à l'hypothèque qu'il a sur les biens.*

M. Berthauld cite un certain nombre de passages où il est question de ces renonciations. En voici un tiré de De Héricourt (*Des Criées*, c. II, sect. II, n° 44), qui est plus explicite. Il détermine, à propos de l'extinction de l'hypothèque, quel était l'effet principal de ces conventions. « Titius, créancier de Mævius, déclare qu'il renonce à « l'hypothèque qu'il a sur les biens de Mævius en fa-« veur du mariage que Mævius va contracter avec Sem-« pronia. Mævius a d'autres créanciers hypothécaires « qui sont postérieurs à Titius, mais antérieurs au ma-« riage de leur débiteur. Son bien étant décrété, Sem-« pronia sera mise dans l'ordre au lieu et place de « Titius, et ce dernier seulement dans le rang qu'aurait « eu Sempronia, si Titius n'avait point renoncé à son « hypothèque en sa faveur. Mais, si ce qui est dû à « Sempronia excédait la collocation du premier créan-« cier, la femme ne serait colloquée au lieu de Titius, « avant les autres créanciers antérieurs à son ma-« riage, que pour ce qui se trouverait dû à Titius; pour « le surplus de sa créance, on la colloquerait après les « créanciers qui lui sont antérieurs, mais immédiate-« ment avant Titius. Si, au contraire, la créance de la « femme était moins forte que celle de celui qui a re-« noncé à ses hypothèques en sa faveur, s'il n'était dû « à la femme, par exemple, que la moitié de ce qui se-« rait dû à Titius, ce dernier viendrait immédiatement « après la femme, pour la moitié de sa créance, et, « pour l'autre moitié, après tous les autres créanciers

« antérieurs au mariage. » Ce sont les déductions logiques de principes qui devaient plus tard recevoir une application très fréquente. Il est question assez souvent, dans les auteurs, de ces renonciations; mais ce ne sont que des aperçus; nulle part on ne trouve une théorie complète. C'était en effet, à cette époque, quelque chose de secondaire et de superflu.

CHAPITRE II

De la nature et des effets généraux de la subrogation.

Quelle est la nature, quels sont les effets généraux de la subrogation? Ces deux questions ont donné lieu, entre les interprètes, aux controverses les plus vives. Nous en avons examiné les causes dans l'introduction; nous avons dit qu'elles avaient leur source dans ce fait que le but des parties est toujours ou de violer la loi ou de la tourner. Elles veulent employer leur hypothèque comme moyen de crédit, et, pour y parvenir, elles se servent d'une cession. Comme le dit M. Berthauld (*De la Subrogation*, n° 6) : « C'est un acte qui participe « tout à la fois du transport et du nantissement, mais « dans lequel le caractère de transport prédomine. »

Au fond, quelle est cette opération? Est-une cession

de l'hypothèque, une cession de la créance, un nantissement, une délégation des droits hypothécaires? Toutes ces opinions sont soutenues, et l'intérêt de la question n'est pas purement doctrinal et théorique. Si l'opération est une cession d'hypothèque, le créancier n'est investi que d'une chose, de l'action hypothécaire sur l'immeuble; si, au contraire, c'est une cession ou une délégation de la créance, il pourra exercer tous les droits que pouvait avoir son cédant à propos de cette créance. Il sera investi de son action personnelle avec tous ses avantages; titre exécutoire, compétence, contrainte par corps; il aura pour garanties toutes les garanties dont il jouissait, codébiteurs solidaires, cautions, gage, antichrèse, hypothèque et autres.

Si c'est un nantissement, il jouira d'un droit de préférence sur le prix de la créance ou son montant, et pourra user du privilége énoncé dans l'art. 2078, de garder, dans certains cas, le gage en paiement.

Pour ce qui est de permettre ou de refuser au subrogé de méconnaître tout paiement postérieur à la signification de la subrogation, l'une et l'autre doctrine nous paraissent conduire au même résultat; nous espérons le démontrer, car il nous semble de toute justice de permettre au subrogé de signifier la cession de l'hypothèque, pour empêcher tout paiement qui lui causerait du tort.

Nous devons reconnaître du reste que, sur tous ces points, il y a matière à controverse. Quelle que soit la théorie que l'on adopte, la conciliation entre des idées qui se heurtent, laissera toujours de l'incertitude et de l'obscurité dans les esprits. Abordons maintenant la question elle-même,

La subrogation est pour nous une cession du privilége ou de l'ypothèque, dans la limite de l'intérêt du subrogé.

En général, lorsqu'il s'agit de déterminer la nature et les effets d'une convention née de la coutume et de la pratique, comme l'est la subrogation à l'hypothèque, il faut rechercher le but en vue duquel elle est née, et les circonstances dans lesquelles elle s'est développée. Nous avons vu dans la partie historique naître cette convention à propos de l'hypothèque légale. Les créanciers, en présence de cette hypothèque générale qui grevait les immeubles du mari et de la communauté, ont voulu tout à la fois se débarrasser de cette menace incessante, et l'utiliser comme garantie. De même, les tiers acquéreurs ont dû chercher à éviter les longueurs et les frais de la procédure de purge. La subrogation dans l'hypothèque a fourni le moyen d'arriver à ce double résultat. Ainsi, tantôt les contractants veulent éteindre l'hypothèque (pour le moment, nous laissons de côté cette partie), tantôt ils veulent faire profiter de l'action hypothécaire un autre que le créancier primitif. Avant de passer outre, il est un point qui nous paraît à peu près reconnu par tous; le subrogeant, la femme en particulier, entend, si faire se peut, conserver sur sa tête son droit personnel. Il veut faire profiter le subrogé de son hypothèque, mais son intention ne va pas plus loin. En vain dans les formules employées, les praticiens accumulent-ils les expressions de cession ou délégation de créance ou d'hypothèque ; cette accumulation n'est qu'une suite de l'embarras où ils se trouvent, et ne modifie en rien l'intention des parties.

Pour nous, il n'est qu'un seul moyen d'atteindre ce but : c'est par la cession pure et simple de l'action hypothécaire. En effet, une cession est la seule convention qui puisse permettre à une personne de venir exercer, en son nom et à son profit, les droits qu'un autre possédait. D'autre part, cette intention des parties de ne pas faire porter la convention sur la créance est-elle inadmissible? Doit-on nécessairement céder la créance du moment qu'on cède l'hypothèque, ou, au contraire, est-on libre de faire sur l'une ou l'autre telle convention que l'on veut? Nous dirons avec MM. Valette, Pont, Troplong, Championnière et Rigaud, que nous ne voyons pas pourquoi il serait interdit à un créancier de céder son hypothèque, et de conserver la créance qu'elle garantissait. « Nous pensons, dit M. Valette, qu'aucune « loi ne prohibant la cession d'un droit d'hypothèque, « ce droit qui, en somme, est purement pécuniaire, ne « peut être mis hors du commerce, mais qu'il est négo- « ciable et transmissible ; suivant nous, il y a lieu d'ap- « pliquer l'adage : qui peut le plus, peut le moins ; nul « n'a intérêt ni qualité pour se plaindre de ce que la « cession ne comprend qu'un accessoire, un élément « de la créance, au lieu d'embrasser la créance tout « entière. » Ainsi, à notre avis, un créancier hypothécaire, investi à la fois d'une action personnelle et d'une action hypothécaire, peut céder cette dernière à son propre créancier, ou bien à un autre créancier de son débiteur, ou même, quoique l'espèce soit peu pratique, à un créancier d'un tiers, et l'en investir comme il en était investi lui-même.

Des auteurs considérables et des arrêts ont nié très énergiquement la possibilité de cette séparation entre les deux droits. Ils ont soutenu que la cession de l'hypothèque entraînait nécessairement avec elle la cession de la créance. « La relation qui unit les priviléges et « les hypothèques aux créances pour sûreté desquelles « ils sont établis, disent MM. Aubry et Rau (t. II, § 288, « p. 887), est tellement intime, qu'il est juridiquement « impossible de les en détacher pour les adjoindre « à une autre créance, ou, en d'autres termes, d'en « faire l'objet d'une véritable cession séparée et in- « dépendante de la transmission de la créance elle- « même. »

Cette affirmation est bien absolue, et nous avouons ne pas en saisir nettement la portée, d'autant plus qu'ils ajoutent : « Rien ne s'oppose à ce qu'un créancier « privilégié ou hypothécaire confère à un autre créan- « cier, même simplement chirographaire, le droit « d'exercer ses priviléges et hypothèques jusqu'à con- « currence de sa propre créance, et *comme si ce der- « nier lui était réellement substitué.* » De plus, ils admettent la cession de priorité de rang, parce que, disent-ils, elle n'entraîne aucun déplacement des priviléges. Mais il nous semble, que si la cession du rang, sans cession de l'hypothèque, est possible, comme le rang est un élément bien plus intimement lié à l'hypothèque que ne l'est cette dernière à la créance qu'elle garantit, on doit, *à fortiori*, pouvoir céder l'hypothèque sans la créance.

M. Berthauld, dans son *Traité sur les subrogations à l'hypothèque légale*, affirme également cette inséparabilité absolue qui existerait entre ces deux droits.

Telles sont les affirmations que l'on nous oppose. Cherchons donc sur quoi elles peuvent être motivées, et quel est ce lien si intime qui unirait les deux droits dont nous parlons. Si nous pénétrons dans leur nature même, dans leur manière d'être; si nous recherchons leur mode de constitution, leurs effets, nous ne trouvons que des différences. L'hypothèque résulte d'un acte solennel; il en est tout autrement de la créance. La première est un droit réel sur un immeuble; la seconde est un droit personnel. L'hypothèque peut naître avant la créance. L'action hypothécaire peut même survivre à l'action personnelle, par exemple en matière de faillite. Enfin, un dernier caractère, celui de l'indivisibilité, existant chez l'une et non chez l'autre, fait encore mieux comprendre leur indépendance respective. La créance et l'hypothèque sont donc deux droits distincts, ayant une existence à part, une vie propre. Le créancier est investi de deux actions différentes.

De tout temps on a compris cette séparation. En droit romain, elle se traduisait par l'existence de deux actions distinctes, avec ce singulier résultat déjà constaté, que c'était l'action hypothécaire qui ressemblait le plus à notre action personnelle, puisqu'elle donnait le droit de saisir et vendre les biens du débiteur.

Quel lien si intime peut donc unir deux droits de

nature si différente? A nos yeux, il n'y en a qu'un seul; c'est que l'hypothèque, droit accessoire, doit, pour pouvoir exister, reposer sur une créance. Il faut que celui qui prétend avoir une hypothèque ait une créance sur laquelle il l'appuie. Si l'hypothèque est née avant la créance qu'elle doit garantir, elle est conditionnelle et n'aura d'effet que si la créance prend naissance. Mais il n'y a aucun principe d'où on puisse induire une entrave à la cession du droit d'hypothèque. Du reste, cette possibilité se montre dans une opération peu pratique, il est vrai, mais qui n'a en soi rien d'extraordinaire. Un débiteur veut faire profiter un créancier chirographaire d'une hypothèque concédée à un autre, si ce dernier y consent, pourquoi ne pas admettre que l'hypothèque, telle qu'elle se comportait, passera sur la tête du premier? Nous chercherions en vain quelqu'un qui pût se plaindre de l'opération. Le créancier hypothécaire sera devenu créancier chirographaire, et le créancier chirographaire, créancier hypothécaire. Le sort de l'hypothèque sera désormais attaché à la nouvelle créance, comme il l'était à l'ancienne. C'est là la forme la plus simple de la subrogation, et il est probable que, si elle s'était présentée ainsi, elle n'aurait pas soulevé tant d'objections. Cette cession ne sera évidemment que du droit tel que l'avait le créancier; personne ne peut transférer plus de droits qu'il n'en a. L'hypothèque était-elle conditionnelle? elle le sera entre les mains du nouveau créancier. Nous ferons remarquer, en passant, que le terme ou la condition, en un mot la modalité qui affecte l'hypothèque, peut ne se trouver que dans le titre constitutif de la créance, et qu'elle s'applique à l'hypothèque, non pas tant en vertu de l'idée d'accessoire, à laquelle, en général, on attache trop d'importance, que parce que l'intention des parties est de se reporter sur ce point au titre de la créance.

On pourrait peut-être objecter qu'en matière de subrogation personnelle, la loi, dans la prévision d'une semblable opération, exige, pour le transport de l'hypothèque, des formalités compliquées; mais en les édictant, le législateur n'a pas eu l'intention d'empêcher l'opération dont nous venons de parler. Si la loi se montre si difficile, c'est parce qu'elle craint les fraudes à l'aide desquelles on arriverait à antidater ou postdater des actes, afin de faire revivre une hypothèque éteinte. D'ailleurs, on trouve dans la loi elle-même l'application de nos principes. Lorsqu'une créance s'éteint par novation, n'admet-elle pas que les hypothèques qui garantissaient la créance éteinte passent à la nouvelle? (art. 1278.)

Dans tout ce que nous venons de dire, nous avons supposé que la cession s'opérait avec le consentement du débiteur; mais *quid*, si elle est faite en dehors de lui ou même contre son gré, l'opération ne sera-t-elle plus valable? Nous ne voyons pas la raison de distinguer. C'est le créancier hypothécaire qui est investi de l'hypothèque, c'est toujours lui qui doit la céder. La cession sera tout aussi valable, qu'elle se fasse avec ou sans le consentement du débiteur; seulement, dans le second cas, elle ne se fera que sous réserve du droit de ce dernier. Nous examinerons plus loin quel il est exactement.

A cette doctrine, M. Berthauld fait une objection spéciale que nous tenons à repousser. Il dit que l'hypothèque ne peut pas se céder plus que le cautionnement ou la contrainte par corps. En admettant que cette incessibilité fût vraie pour le cautionnement et la contrainte par corps, faudrait-il nécessairement dire la même chose de l'hypothèque? Nous ne le croyons, car il n'y a pas d'assimilation possible entre ces différents droits. D'ailleurs, en ce qui concerne le cautionnement, pourquoi un créancier ne pourrait-il pas céder à son créancier le droit qui en résulte pour lui? C'est une opération peu pratique, mais qui n'a rien d'impossible. Cette cession serait, il est vrai, bien moins complète que celle de l'hypothèque, car la caution promet de payer une certaine dette, et consent à se soumettre conditionnellement à la même action personnelle. Ce ne serait donc qu'une cession conditionnelle de la créance elle-même. En outre, la caution est traitée bien plus favorablement; son obligation s'éteint dans un grand nombre de cas dans lesquels ne s'éteint pas l'hypothèque (2034 et suiv.).

Pour ce qui est de la contrainte par corps, elle est évidemment incessible, car c'est une garantie attachée par la loi, pour des motifs d'ordre public, à certaines créances, et ce qui est d'ordre public n'est pas dans le commerce des particuliers. Les parties ne pourraient pas plus la transférer d'une créance à une autre qu'elles ne pourraient l'y attacher par une convention.

Les auteurs dont nous combattons les opinions nous paraissent avoir été dominés par l'idée d'incessibilité de l'hypothèque, comme les Romains l'étaient par celle d'incessibilité de la créance et des servitudes. La créance, disaient-ils, est un rapport entre deux personnes déterminées ; on détruit nécessairement le rapport, si on en change un des termes. Mais la pratique avait bientôt inventé la *procuratio in rem suam* pour éluder ce principe. Et nous ne pouvons nous empêcher de faire remarquer quelle analogie frappante il y a entre la doctrine romaine et l'opinion qui voit dans la subrogation à l'hypothèque une délégation.

De plus, ces auteurs iront-ils jusqu'aux dernières limites de leurs systèmes? Admettront-ils que le subrogé à l'hypothèque légale est investi des créances de la femme et peut invoquer l'article 1471, pour se faire livrer en paiement des meubles et immeubles de la communauté? Admettront-ils qu'il est investi des deux créances et le subrogé dépouillé de tout droit? Cependant, si on repousse cette conséquence, il faut admettre ou un échange de créance faisant passer celle du subrogé sur la tête du subrogeant, ou la cession de l'hypothèque seule. C'est ce dernier système qui rentre le mieux dans la pensée des parties. C'est donc lui qui doit être préféré. Ajoutons qu'il nous paraît avoir été consacré par la loi de 1855. Les termes, comme l'histoire de cette loi sont d'accord pour confirmer pleinement l'interprétation que nous lui donnons. Nous avons vu dans l'introduction quels avaient été les projets de 1849 à 1851, la cession de l'hypothèque, indépendamment de la créance formellement consacrée dans celui du Gouvernement, l'Assemblée législative et le Conseil d'Etat repoussant ces propositions. La relation étroite qui unit le projet du Gouvernement de 1849 et celui de 1855 ne permet guère de douter que l'intention n'ait été la même. Elle ressort également de la comparaison de ces deux textes. Indépendamment de ce fait, les expressions même de l'art. 9 de la loi de 1855 suffiraient, à nos yeux, pour trancher la controverse. On n'y parle que de cession ou renonciation d'hypothèques; il n'est pas question des créances.

Notre théorie doit d'autant moins étonner qu'elle s'explique naturellement par la marche générale des idées en matière de nantissement. Que l'on recherche dans l'histoire des législations, on y trouvera que le transport est le premier moyen dont on se soit servi pour le constituer. Le débiteur, afin de donner une garantie, fait passer un droit de propriété ou autre sur la tête de son créancier, qui l'acquiert ainsi complétement, avec obligation de le retransférer après le paiement. Puis, peu à peu, l'analyse des idées conduit à modifier ce moyen trop radical; on reconnaît que la translation ne répond pas directement au but que les parties ont en vue, que l'engagement d'un objet doit constituer un droit d'une nature spéciale.

Nous retrouvons en particulier cette série de faits dans l'histoire du contrat de gage à Rome. Nous voyons d'abord le débiteur transférer la propriété à son créancier; puis, avec les progrès de la législation, le transport devenir une simple remise de la possession; enfin, le droit réel proprement dit faire son apparition.

Pour la subrogation dans l'hypothèque, l'histoire doit être renversée. On était arrivé à admettre la constitution d'un droit réel sur l'hypothèque au profit des créanciers, lorsque le législateur l'a tout à coup prohibé. En présence de cet obstacle, la pratique a repris ses premiers errements. Pour pouvoir encore utiliser le crédit que donne l'hypothèque, on est revenu à la cession, en attendant que le législateur, renonçant à ses prohibitions, reconnût la possibilité de créer sur elle un droit de nantissement. Remarquons au surplus que, dans notre droit, la cession a moins d'inconvénients pour le débiteur que dans le droit romain. Aujourd'hui le subrogeant rentre de plein droit dans son hypothèque, alors qu'à Rome il fallait une retranslation pour laquelle le consentement du créancier nanti était nécessaire.

Ainsi donc, pour nous, l'opération est une cession de l'hypothèque seule; mais c'est une cession éventuelle, et cela en deux sens; d'abord la cession sera non avenue, si aucun ordre ne s'ouvre sur l'immeuble hypothéqué avant le paiement de la créance du subrogeant, et, en outre, le subrogé doit respecter le droit du débiteur d'éteindre l'hypothèque avec la créance.

Quant à la première condition de retour, au cas où aucun ordre ne serait ouvert sur l'immeuble, cette condition est la conséquence du but poursuivi par les parties. Le subrogé ne veut au fond qu'une chose, donner son hypothèque en garantie au subrogeant. Pour opérer cet engagement, il lui cède son action hypothécaire, mais à condition qu'elle lui reviendra, s'il n'a pas besoin de s'en servir pour se faire payer, comme dans le nantissement, la chose engagée revient au débiteur après le paiement.

Elle est aussi éventuelle en ce sens que le débiteur, voulant éteindre à la fois la créance et l'hypothèque qu'il a concédées, doit pouvoir le faire. Ceci est juste en principe; cependant nous ne saurions admettre les conséquences qu'en tire la majorité des auteurs. Ils soutiennent que l'extinction de la créance emporte celle de l'hypothèque, par quelque mode qu'elle arrive. Pour eux, le paiement effectué entre les mains du subrogeant est valable à l'encontre du subrogé. Cependant, si on donne au débiteur le droit d'éteindre l'hypothèque en payant la créance du subrogeant et entre les mains de ce dernier, non-seulement le subrogé n'aurait qu'une garantie illusoire, mais on permettrait au subrogeant de maintenir ou d'anéantir la subrogation, selon qu'il lui plairait de refuser ou d'accepter le paiement. On va également jusqu'à admettre que le mari et la femme étant morts et laissant pour héritiers leurs enfants communs, l'extinction des créances par confusion opère l'extinction de l'hypothèque, et le subrogé voit s'évanouir les garanties sur lesquelles il a pu légitimement compter. C'est faire dépendre encore des caprices de leurs héritiers l'existence d'un acte qu'ils doivent respecter. S'il leur plaît d'accepter bénéficiairement l'une des deux successions, la confusion ne se produisant pas, l'hypothèque légale subsistera, et par suite la subrogation. Du reste, ce point n'offre d'intérêt que dans le cas où le mari est mort insolvable; la succession étant alors toujours acceptée bénéficiairement, la controverse se présentera rarement. Ce que nous constatons seulement, c'est la bizarrerie d'une doctrine qui remet l'existence d'un droit à la merci d'un autre que celui qui en est investi.

Ces conséquences ne sont pas, en effet, pour nous, celles qui découlent des vrais principes. Le débiteur n'a pas le droit absolu d'éteindre, à l'égard du subrogé, l'hypothèque en même temps que la créance. Pour déterminer dans quelles circonstances cette extinction peut être opposée au subrogé, recherchons quelle est exactement la situation des parties à la suite de la subrogation, et quels rapports de droit elle crée entre eux.

Entre le subrogeant et le subrogé, il y a cession de l'hypothèque, et nous ajouterons qu'en ce qui concerne l'hypothèque légale, l'acte est plutôt à titre onéreux, car il est fait dans le but de soutenir et d'étendre le crédit du mari et de la famille, à la prospérité duquel la femme est intéressée. Ce n'est pas une pure libéralité. Cette cession emporte nécessairement, de la part du subrogeant, affirmation de l'existence de cette hypothèque, ou, pour parler le langage de la loi, il garantit l'existence du droit cédé. On peut même invoquer l'article 1693, en rangeant l'hypothèque parmi les *autres droits incorporels* dont il parle. Voilà pour le présent; mais pour l'avenir, est-il possible d'admettre que le subrogeant, transférant une garantie, dise au subrogé : Je vous la cède, à condition de conserver la faculté de l'anéantir comme il me plaira? Le créancier qui a reçu l'hypothèque peut-il avoir accepté une pareille situation? Evidemment non. Elle est contraire à l'idée de garanties. Quand on en exige, on les veut aussi complètes que possible, et on ne peut avoir la pensée de les abandonner à la discrétion de celui auquel on les demande. Ainsi le subrogeant ne peut ni ne doit nuire par son fait au subrogé; il est tenu de respecter le transport auquel il a consenti. Donner à ses actes un effet sur le droit qu'il a cédé, ce serait le considérer comme en ayant encore la jouissance.

Ces principes, nos contradicteurs les appliquent dans deux cas analogues au nôtre : la cession et le nantissement des créances. Dans le cas où ces actes n'ont pas été signifiés, le créancier n'en devra pas moins refuser le paiement qui serait fait au préjudice du cessionnaire ou du créancier gagiste. La doctrine et la jurisprudence se sont en grande partie ralliées à notre théorie. (Aubry et Rau, t. II, § 288, texte et note 37; Bordeaux, 10 août 1854, Dev., 54, II, 98). Nous sommes donc fondé à dire que, si le subrogeant violait son obligation en acceptant le paiement au préjudice du subrogé, celui-ci pourrait au moins lui réclamer des dommages-intérêts.

Mais ce n'est pas seulement à l'égard du subrogeant que nous donnerons un effet à la subrogation, nous irons plus loin ; nous l'étendrons au débiteur lui-même. Du moment où un cessionnaire et un créancier saisissant peuvent méconnaître les paiements postérieurs à la signification de la cession et à la saisie-arrêt(art. 1242), pourquoi le subrogé ne pourrait-il pas ne pas tenir compte d'une extinction conventionnelle de la créance postérieure à la notification ou l'acceptation de la subrogation ? (Amiens, 10 juillet 1843, Dev., 43, II, 395).

Quant à l'acceptation, il nous semble difficile de la considérer autrement que comme une promesse de ne pas nuire au subrogé. Celui qui accepte un acte entend évidemment reconnaître son existence et respecter le droit qu'il confère. Refuser cet effet à l'acceptation, ce serait enlever toute signification à une volonté expresse.

La question peut paraître plus délicate pour la notification ; au premier abord, il semble que donner à la subrogation un effet quelconque à l'encontre du débiteur, c'est léser son droit. La subrogation, objecte-t-on, est, pour lui, *res inter alios acta;* elle ne doit pas plus lui nuire que lui profiter. Du moment où elle blesse ses intérêts, il doit pouvoir la méconnaître. Si on décide que le paiement fait par le débiteur au préjudice du subrogé n'éteint pas l'hypothèque, on entrave le droit de libération du débiteur ; car, d'une part, le paiement aux mains du subrogé est devenu impossible, et, d'autre part, le subrogeant n'a pas pouvoir pour recevoir le montant de la dette. On met donc le débiteur dans l'impossibilité de se libérer.

A ce raisonnement nous opposerons plusieurs réponses ; mais auparavant nous ferons remarquer que, si un créancier, qui n'a sur les biens de son débiteur qu'un droit de gage imparfait, peut saisir, arrêter une créance de ce débiteur, il doit en être, *a fortiori*, de même pour celui qui, comme le subrogé, a acquis un droit privatif et absolu sur une partie de ses biens. De plus, si le raisonnement que nous combattons était juste, il faudrait en conclure que la théorie de la loi sur les effets de la saisie-arrêt sont des dérogations aux principes généraux et violent le droit du débiteur; personne cependant ne l'a soutenu. Sur une créance peuvent coexister des droits de nature différente, comme sur les autres biens du débiteur. Ceux qui en sont investis ne pourraient-ils pas également dire que la convention intervenue entre le créancier et le débiteur, pour l'extinction de la dette, est *res inter alios acta?*

La vérité pour nous est dans le principe suivant: *Quand plusieurs droits sont ainsi juxtaposés sur une même chose, chacun doit se renfermer dans son droit strict, pour qu'un acte qu'il accomplit ait effet contre tous, sans quoi les tiers ont le droit de méconnaître cet acte.* Ce qu'il faut donc ici, c'est déterminer quel est exactement celui du débiteur. La véritable formule est celle-ci : *Le débiteur a le droit de se libérer; mais il ne peut déterminer qui doit profiter de sa libération.*

Tels sont les vrais principes, et les conséquences qu'ils comportent nous paraissent beaucoup mieux satisfaire l'équité que la solution contre laquelle nous nous élevons. Le débiteur n'en éprouve aucun préjudice, son droit de libération lui est conservé; *il peut racheter à la fois sa créance et son hypothèque;* nous verrons tout à l'heure par quel moyen. En outre, ils maintiennent la libre disposition de ses biens au créancier, qui peut les transmettre en tout ou en partie. Le débiteur devra respecter les cessions qu'il en a faites, et le cessionnaire pourra se faire attribuer la somme payée, pour remplacer la garantie qu'il tirait de l'hypothèque.

Ces principes et leur application ont été entrevus par les jurisconsultes romains (L. 15, § 2, D., *de pign. et hypoth.*, 20, 1, f. Marcien). Le jurisconsulte propose, avec hésitation, il est vrai, la solution que nous venons de donner. Aujourd'hui notre loi les admet certainement. Pourquoi reculer devant les conséquences? Le législateur lui-même les a tirées dans des hypothèses qui présentent une grande analogie avec la nôtre. Nous n'entendons pas parler seulement de la saisie-arrêt. Lorsqu'un créancier a hypothèque sur un usufruit, il a le droit de repousser toute extinction de l'usufruit faite au préjudice de ses droits. La loi le dit pour l'abus de jouissance; on n'hésite pas à l'étendre à la consolidation, la confusion et la renonciation (618, 622). De même, dans l'ancien droit, le créancier ayant hypothèque sur une rente foncière ou constituée pouvait, à l'aide d'une saisie-arrêt, en empêcher le rachat. Pothier nous l'affirme (Introd., tit. 20, Cout. d'Orléans, n° 54). « L'hypothèque d'une créance sur des rentes « s'éteint par le rachat forcé ou volontaire de ces « rentes..... Il y a néanmoins un moyen pour conser- « ver son hypothèque, nonobstant le rachat, en arrê- « tant entre les mains du débiteur des rentes les fonds « desdites rentes. L'effet de cet arrêt est qu'elles ne « peuvent être rachetées sans appeler au rachat le « créancier. » Pourquoi le cessionnaire de l'hypothèque aurait-il moins de droit qu'un simple créancier?

On objectera sans doute que la notification ou l'acceptation, de même que les formalités indiquées dans les articles 1242, 1295, 1690 et 2075, sont des modes de publicité, que leur but étant de déroger aux principes généraux, en permettant à une personne de considérer comme inexistante une translation de droit tant qu'elle n'a pas été publiée par les voies légales, il faudrait un texte formel pour admettre dans notre matière un mode de publicité. Dès que la loi n'en prescrit pas, de deux choses l'une, ou la subrogation est valable *erga omnes*, dès qu'elle est consentie, ce qui est inadmissible, ou bien elle est, même après la publicité résultant de la notification, comme non avenue à l'encontre du débiteur.

Ce raisonnement, très spécieux, repose sur une erreur. Pourquoi acceptons-nous l'extinction de l'hypothèque antérieure à la notification? C'est par suite de la combinaison entre la disposition de l'article 1240 et le principe que l'accessoire doit suivre le sort du principal. Le débiteur a payé de bonne foi, il a cru éteindre l'hypothèque et la créance, il est protégé par la loi qui déroge en ceci aux principes sur l'effet absolu que produit une convention translative de droit réel. La loi n'exigeant pas de publicité, le transport devrait s'opérer *erga omnes;* l'art. 1240 l'empêche. Quel rôle joue alors la notification? Elle enlève au débiteur sa bonne foi ; elle le prévient que l'hypothèque n'appartient plus seulement à l'un de ses créanciers. Dès lors il perd le droit d'invoquer l'article 1240 et le principe *accessorium sequitur principale.*

Ainsi donc, pour nous, le subrogé pourra notifier au

débiteur la cession, et l'effet de cette notification sera de le prévenir de l'existence de droits qu'il doit respecter.

Dans quelles limites vaudra cette notification ou cette acceptation? Ce ne sera évidemment que dans la mesure de l'intérêt du subrogé. Pour ce qui dépasse le montant de sa créance, la dette sera éteinte; mais l'action hypothécaire subsistera pour le tout : c'est une conséquence de son indivisibilité. La cession étant conditionnelle et ne devant produire d'effet qu'au cas où l'exercice de l'action hypothécaire serait nécessaire pour arriver au paiement, si le subrogé est désintéressé sans avoir recours à ce moyen, d'après coup le paiement aura pu éteindre l'hypothèque. Elle n'existait plus que conditionnellement; la condition fait défaut. Le subrogé n'ayant jamais eu de droit, le paiement est complétement valable.

Nous devons, avant d'entrer dans l'étude des effets de cette notification, observer que peu importe le mode employé, notification ou acceptation, l'effet à l'encontre du débiteur doit être le même; l'acceptation n'est que la déclaration du débiteur qu'il connaît la subrogation et qu'il ne veut pas y préjudicier; mais lui prêter l'intention d'abandonner aucun de ses droits, cela nous semble impossible; son adhésion s'explique parfaitement, sans qu'il soit besoin de lui donner cette portée.

Cependant il est un point sur lequel nous les séparerons. Nous dirons avec l'article 1295 que l'acceptation vaut reconnaissance de la dette; de telle sorte que, si elle était éteinte, le débiteur acceptant serait au moins tenu de dommages-intérêts au cas où l'existence de droits chez les tiers empêcherait de considérer la dette comme encore existante (art. 1295 et 1299). Il est impossible certainement de donner cette puissance à la notification. Pour ce qui est de l'hypothèque légale, ceci n'a du reste aucune importance, car le mari, en autorisant sa femme et en acceptant la subrogation qu'elle consent, n'accepte que la cession de l'hypothèque légale telle qu'elle existe au moment du contrat, et n'entend nullement renoncer aux extinctions légitimes de créances qui ont pu ou pourront se produire. Nous verrons plus loin quelles elles sont.

Cherchons maintenant à appliquer les principes que nous avons précédemment posés aux différents modes d'extinction des obligations, afin de montrer quels sont ceux dont le subrogé aura la faculté de ne pas tenir compte.

Nous avons dit que le débiteur avait le droit de se libérer, mais qu'il ne pouvait déterminer qui profiterait de cette libération. D'un autre côté, il ne faut pas oublier que, dans notre système, la créance est restée sur la tête du subrogeant, de telle sorte que, suivant le mode employé, l'extinction sera absolue et se produira à l'encontre du subrogé ou, au contraire, pourra être méconnue par lui.

Mourlon (*Trans.*, n° 911) tranche la question d'une manière beaucoup plus simple, en ne permettant au débiteur d'invoquer aucune extinction de la créance, que ce soit un paiement ou une compensation, lorsqu'elle nuit au subrogé. Pour le démontrer, il s'appuie sur ce que « les événements qui éteignent une créance

« n'ont jamais lieu que sous la réserve des droits des « tiers. » Mais ce principe, ainsi formulé, est trop absolu et viole le droit du débiteur.

Cette opinion de Mourlon assimile complétement, quant aux effets, notre doctrine à celle qui, s'appuyant sur l'impossibilité de séparer la créance et l'hypothèque, voit dans la subrogation une cession de créance. Pour ses partisans, en effet, la notification de l'article 1690 empêchera toute extinction de la créance au préjudice du cessionnaire. C'est là l'opinion que nous repoussons. Nous essaierons cependant de démontrer, à propos de la compensation, que, en ce qui touche l'hypothèque légale, l'assimilation doit exister, mais par de tout autres motifs. Reprenons l'application des principes qui nous servent de point de départ.

En premier lieu, pour le paiement et la dation en paiement, le débiteur peut-il réclamer le droit de les opposer au subrogé lorsqu'ils sont faits entre les mains du subrogeant? Cette prétention est exorbitante. Le paiement est une convention intervenue entre le créancier et le débiteur, par laquelle l'un fait profiter l'autre du montant de la créance. Il ne saurait donc nuire aux droits précédemment acquis. Mais alors, nous objectera-t-on, par quel mode se libérera le débiteur? Ce sera par la procédure d'offres faite à tous les intéressés. C'est en cela et en cela seulement que consiste son droit. En l'employant, il éteindra l'hypothèque avec la créance, tout en laissant intacts les droits qui peuvent exister sur cette dernière.

Mais qu'arrivera-t-il si le paiement a eu lieu? Dans

ce cas, le subrogé pourra méconnaître ce paiement et considérer l'hypothèque comme encore existante. On dira peut-être que nous arrivons à un résultat singulier et inadmissible. Nous faisons survivre l'hypothèque à la créance qui, elle, est certainement éteinte. Nous répondrons que nous ne voyons pas pourquoi une hypothèque n'aurait pas une existence relative comme une créance. Ainsi, pour une saisie-arrêt, lorsqu'un créancier forme opposition entre les mains du débiteur de son débiteur, le paiement, intervenu au mépris de cette opposition, n'est considéré comme non avenu qu'à l'égard du saisissant. Si celui-ci est désintéressé ou la saisie déclarée nulle, il sera opposable à tous. S'il en est ainsi pour une créance, pourquoi n'en serait-il pas de même pour l'hypothèque?

Cette solution, ajoutera-t-on peut-être, est sans conséquence pratique; le débiteur pourrait obtenir une main-levée de son créancier et faire rayer l'inscription. D'abord, ceci est une fraude qui obligerait certainement le débiteur et le créancier à des dommages-intérêts envers le subrogé. Dans tous les cas, elle ne pourrait se produire que si rien, dans l'inscription, ne révélait au conservateur la subrogation. Car si l'inscription avait été prise ou renouvelée au nom du subrogé, ou bien si mention avait été faite en marge de l'inscription existante, le conservateur devrait refuser la radiation, ou s'il l'opérait sur le vu d'un acte portant consentement du subrogeant seul, sa responsabilité serait engagée.

En ce qui touche la subrogation à l'hypothèque légale, cette théorie recevra son application dans la matière du remploi. Nous donnerons au subrogé le droit de méconnaître tout acte de cette nature fait à son préjudice. Le remploi est, en réalité, une dation en paiement; c'est un à-compte sur la liquidation, dont le mari ne peut se prévaloir pour considérer comme éteints des droits précédemment acquis à des tiers sur les créances de sa femme. On a souvent répondu que les créances de la femme étaient éventuelles et dépendaient de la liquidation. Nous examinerons ultérieurement, en traitant des effets de la compensation, jusqu'à quel point cette formule est vraie.

Que si maintenant nous supposons des offres valablement faites par le débiteur, à qui les attribuer? Pour nous, c'est au subrogé. L'intention des parties étant que le subrogé recueille ce qui serait donné pour l'extinction de l'hypothèque, peu importe que ce soit dans un ordre ou dans une procédure d'offres ; du moment où le rachat est forcé, on doit lui en attribuer le montant. C'est comme si le subrogeant, ayant reçu son paiement, l'eût remis au subrogé pour l'empêcher de courir les chances de l'insolvabilité de son débiteur. Comme entre eux c'est le subrogé qui est créancier hypothécaire, le subrogeant pourra invoquer la disposition de l'article 1251, 1°. Il a payé un créancier préférable; la subrogation personnelle se trouvera avoir eu lieu à son profit, de telle sorte que, en fin de compte, le subrogeant étant investi de la créance du subrogé, il se sera produit un échange de créances.

En ce qui concerne la novation, il en sera comme pour le paiement. Ce n'est qu'une dation en paiement dans laquelle l'objet donné est une créance. Mais, du reste, la convention sera pleinement valable si les parties avaient réservé, comme l'indique l'article 1278, les priviléges ou hypothèques qui garantissaient l'ancienne dette; par là, le droit du subrogé se trouverait sauvegardé.

Quant à la remise de la dette, la solution sera *a fortiori* la même. Le subrogé pourra la méconnaître.

Nous devons faire remarquer que, si en employant l'un de ces trois modes, les parties convenaient de réserver les droits du subrogé vis-à-vis de lui, l'hypothèque serait considérée comme encore existante. Ce serait de la part du débiteur la renonciation au droit que nous lui avons reconnu d'éteindre l'hypothèque en même temps que l'obligation.

Pour ce qui est de la compensation, la question présente beaucoup plus de difficutés. Il nous semble cependant impossible de ne pas lui reconnaître l'effet d'éteindre à la fois la créance et l'hypothèque, même à l'égard du subrogé. C'est là une conséquence des principes du droit et non de la volonté des parties. Le débiteur est devenu créancier subrogeant; celui-ci, de son côté, était resté investi de sa créance. Elles sont toutes deux fongibles, liquides et exigibles. Les conditions de la compensation se trouvant réunies, elle devra s'opérer, et cette libération, résultant de la loi elle-même, produira un effet aussi complet que la procédure d'offres. Comme, dans cette procédure, le débiteur pourra méconnaître la séparation de la créance et de l'hypothèque.

On nous objectera sans doute que, d'après notre théorie, la notification de la subrogation empêche le paiement, et que, pour être logique, nous devons admettre qu'elle empêche également la compensation. Il doit en être, dira-t-on, de la notification comme de la saisie-arrêt qui produit ces deux effets. Cette objection ne nous a pas arrêté; elle provient de cette doctrine, inexacte selon nous, que l'impossibilité de payer et de compenser, dans le cas de saisie-arrêt, dérivent du même principe. Pour que de l'un on conclue à l'autre, il faudrait que ces deux effets fussent deux conséquences de la même idée : appliquant l'une, il faudrait apquer l'autre. A nos yeux, il n'en est pas ainsi.

L'impossibilité de payer, de nover, etc., dérive de ce principe que le débiteur ne peut déterminer à son gré qui doit profiter du montant de la dette. Mais de là ne résulte pas l'impossibilité de compenser, même *erga omnes*, du moment où existeront les conditions de la compensation. Si la saisie-arrêt produit une impossibilité de payer et de compenser, ce n'est pas parce que la loi assimile la compensation au paiement, c'est parce que la saisie-arrêt enlève à la créance une des qualités nécessaires à la compensation, son exigibilité. Le créancier dont la créance est saisie-arrêtée voit son action personnelle absolument paralysée; il ne peut plus agir efficacement contre le débiteur. En effet, l'expression *exigible*, dans l'article 1291, ne veut pas dire dont le terme est échu, mais dont le créancier peut demander le paiement. La preuve en est dans la faillite qui rend *exigibles* toutes les dettes, et cependant empêche la compensation. Pour qu'il en fût de même de la subrogation, il faudrait que la notification eût mis obstacle à l'exigibilité de la dette, dans le sens que nous lui avons donné. En subrogeant, le créancier n'a fait qu'une seule chose, céder son action hypothécaire et les avantages qui en résultent pour lui, mais il a conservé son action personnelle telle qu'il l'avait, et la notification n'a pu y porter atteinte; elle n'a fait qu'une chose, prévenir le débiteur que le créancier n'était plus investi de son action hypothécaire et le forcer à employer la procédure d'offres, s'il voulait user de son droit de double extinction. On le voit, c'est toujours, au fond, cette idée de possibilité de séparer la créance et l'hypothèque. Ainsi, l'action personnelle subsiste telle qu'elle était, c'est-à-dire que la créance est exigible. Les conditions de la compensation se rencontrent donc; elle doit s'opérer, et cela, *erga omnes.*

Ce système présente, à la vérité, une bizarrerie apparente. C'est, d'un côté, de forcer le débiteur à recourir à la procédure d'offres pour se libérer, et d'admettre que l'action personnelle n'en subsiste pas moins, ce qui devrait permettre au débiteur de se libérer en payant. On peut tirer de là une objection très séduisante au premier abord, mais elle ne tient pas un compte exact de la situation respective des parties. Le débiteur a donné à son créancier deux droits distincts, une action personnelle et une action hypothécaire, en se réservant la faculté d'éteindre à la fois l'une et l'autre. S'il veut user de cette faculté, il doit le faire sans léser le droit de personne. C'est pourquoi, dans notre espèce, il est obligé d'employer la procédure d'offres. D'autre part, si le créancier le poursuit, il pourra, renonçant à ce droit, le payer, éteindre cette action personnelle et laisser subsister l'action hypothécaire. C'est en cela que l'objection que nous combattons nous paraît contenir une erreur. Elle part de ce principe que l'extinction de l'action personnelle emporte toujours et nécessairement extinction de l'action hypothécaire.

S'il est vrai que la compensation éteigne la dette à l'égard du subrogé, celui-ci ne pourra-t-il pas cependant élever de réclamations suivant la manière dont la dette qui produit la compensation sera advenue au subrogeant ou au débiteur? En principe, nous ne lui reconnaîtrions pas ce droit. L'examen sommaire des différentes causes, en vertu desquelles le débiteur et le subrogeant se trouveront investis de la créance ou de la dette, nous le montrera facilement. La créance sera ou bien née en leur personne, peu importe en vertu de quelle cause, ou bien advenue en vertu soit d'une cession, soit d'une acceptation de succession. Dans le premier cas, que ce soit par suite d'un contrat, d'un quasi-contrat, d'un délit ou d'un quasi-délit que l'obligation ait pris naissance, peu importe. Les deux créances s'éteignent par la volonté de la loi; c'est la loi qui produit ce résultat; il est absolu. Le subrogé n'aurait que la ressource de l'article 1382, ce qui s'offrira bien rarement.

Dans le second cas, la créance sera arrivée entre les mains du débiteur ou du subrogeant par cession ou succession, la solution sera la même. En principe, le subrogé ne pourra pas se plaindre du résultat. Pour la cession de créance, elle est l'exercice d'un droit. Quant à la succession, la loi en investit l'héritier. Le subrogé ne peut donc invoquer le principe de l'article 1382; dans le cas même où le débiteur aurait accepté la cession d'une créance, il n'y aurait nulle faute à lui reprocher; il a veillé à ses intérêts. Cependant si la cession était faite dans le but unique de nuire au subrogé par suite d'un concert frauduleux avec le subrogeant, nous croyons qu'on pourrait alors appliquer l'article 1382, et que les auteurs de la fraude seraient responsables du tort qu'ils auraient causé.

Indépendamment de cette action, faudrait-il accorder au subrogé l'action Paulienne (1167) contre l'acte destiné à le frauder? Cela nous semble difficile, à moins qu'il ne soit à la fois créancier personnel et hypothécaire de celui qui a accompli cet acte. Car s'il ne l'était pas, l'action Paulienne étant basée sur le droit de gage général accordé par l'article 2093, et ce droit de gage n'existant pas au profit du cessionnaire, nous ne voyons pas comment il pourrait l'invoquer.

En ce qui touche l'hypothèque légale, si la solution est la même, c'est par de tout autres motifs. *Lorsque le mari sera devenu créancier par suite du jeu naturel du régime sous lequel les époux sont placés*, le mari, par exemple, a fait des dépenses sur les biens de sa femme, les créances et l'hypothèque de la femme seront diminuées d'autant, même à l'égard du subrogé. En effet, la situation du mari est celle d'un administrateur; il a un compte à rendre, et, *dans un compte, la compensation s'opère, lors de la liquidation, entre les créances et les dettes, sans égard pour les droits qui peuvent avoir été consentis sur ces créances.* C'est, en effet, une sorte de patrimoine à part; c'est un ensemble de biens résultant d'une source unique. Lorsque quelqu'un se trouve ainsi créancier et débiteur en vertu d'une même cause, l'équité veut qu'on ne puisse pas lui demander l'exécution de ses obligations sans lui offrir en même temps le paiement de ses créances. Cette unité dans la cause produit une sorte d'indivisibilité dans les résultats. Il est impossible de séparer les conséquences de cette même opération, d'accepter le profit et de répudier la perte. En ce qui touche les contrats, ce principe est incontestable, il a sa base dans la loi; car, si elle admet la résolution en cas d'inexécution (1184), *a fortiori* doit-elle admettre la rétention? Dans les autres hypothèses, en refuser l'application nous paraîtrait trop inique (1).

Lorsque l'objet en la possession du débiteur est un corps certain, il résulte pour lui de ce principe le droit de le garder; c'est le droit de rétention, droit réel opposable à tous les tiers intéressés: si c'est, au contraire, une chose de genre, fongible avec la chose que lui doit son créancier, le droit de garder l'objet et l'obligation de le payer coexistant à la fois, il se produira nécessairement une compensation.

(1) On pourrait peut-être même aller jusqu'à dire que lorsqu'un créancier est muni d'une valeur quelconque appartenant à son débiteur, le droit de gage imparfait de l'article [illegible]3 se transforme en un droit de rétention. Il est peu juste en effet de dépouiller quelqu'un qui a en main une valeur sur laquelle il compte; c'est le principe qui justifie la compensation de plein droit (1290).

Ainsi, un mandataire doit, à un moment donné, une somme, puis plus tard, par suite des opérations de ce même mandat, il devient créancier. Le mandant avait, dans l'intervalle, cédé cette créance, et la cession avait été signifiée. Le mandataire n'aura pas néanmoins à s'en préoccuper lors de la reddition du compte, et le cédant ne pourra lui réclamer que le reliquat. Il en est de même pour le mari ; il est le mandataire de la femme, et les compensations qui se trouvent résulter de l'accomplissement de son mandat éteignent les créances de la femme à l'égard de tous. C'est en ce sens, et en ce sens seulement, que les créances de la femme sont éventuelles. Si la femme est aujourd'hui créancière d'une somme, il se peut qu'elle cesse de l'être par suite d'une compensation postérieure. Mais on ne peut considérer ses créances comme éventuelles, parce que la femme peut accepter un remploi ; c'est comme si on disait qu'une obligation est éventuelle parce que le débiteur peut la payer.

Nous invoquerons à l'appui de notre thèse un arrêt de la Cour de Cassation (17 janv. 1860 ; Dev., 61, I, 881), qui est généralement indiqué comme la rejetant et repoussant la compensation lorsqu'elle s'opère au préjudice du subrogé. La Cour de Cassation, dans son arrêt, ne tranche pas cette question. Dans l'espèce, les époux étaient mariés sous le régime dotal, et un gain de survie avait été stipulé ; la subrogation avait eu lieu sur l'hypothèque qui garantissait les biens paraphernaux ; la femme étant morte la première, le mari se trouvait avoir acquis le bénéfice du gain de survie. La question était de savoir avec quelles créances de la femme on en établirait la compensation. La Cour de Cassation, comme la Cour de Toulouse, décide qu'elle devra s'opérer avec les créances dotales et non avec les paraphernales, ces dernières n'étant pas liquides. Ce résultat se trouve profiter au subrogé, mais lui aurait été certainement contraire si les créances paraphernales avaient été liquides au moment de la dissolution du mariage, les créances dotales n'étant exigibles qu'une année après (1565).

Nous pouvons encore invoquer à l'appui de notre thèse deux arrêts de la Cour de Paris (16 mars 1849, Dall., 49, II, 156; et 3 février 1855, Dall., 55, II, 285). Ce dernier dit que la créance de la femme est éventuelle en ne visant que la compensation.

Nous remarquerons en terminant que si notre raisonnement est juste, comme il s'applique aussi bien à la cession de la créance qu'à la constitution d'un droit quelconque, il en résulte assimilation entre notre doctrine et celle de M. Bertauld sur la subrogation. Que cette convention soit une cession de créance ou d'hypothèque, le subrogé n'en devra pas moins accepter les compensations produites dans les créances de la femme.

Arrivons maintenant à l'examen des effets de la confusion. C'est, nous le savons, la réunion sur la même tête des deux qualités de créancier et de débiteur. De là faut-il conclure que l'hypothèque elle-même est éteinte? La jurisprudence a admis qu'il en était ainsi. Pour nous, nous ne saurions approuver cette décision. Mais ce n'est pas par cette raison que le débiteur, devenant l'héritier du créancier, *aut vice versa*, celui qui invoque la confusion aurait nui au subrogé par son fait, l'ac-l'acceptation d'une succession. Nous avons repoussé ce motif à propos de la compensation, en nous appuyant sur ce que la succession est un mode d'acquisition *lege*.

On ne peut dire non plus que le débiteur, pour se prévaloir de l'extinction de la créance, est obligé d'invoquer la qualité de subrogeant, ce qui le force à exécuter les obligations que cette qualité lui impose; car le subrogeant a, il est vrai, promis de ne pas nuire par son fait au subrogé, mais il ne lui a pas promis garantie contre les conséquences des principes du droit.

La véritable cause pour laquelle nous refusons l'application de ce mode d'extinction contre le subrogé, est tirée de sa nature même. La confusion n'est pas, à nos yeux, un acte juridique d'où résulte l'extinction d'une obligation. Ce n'est que la constatation d'un fait. Une personne, devenue à la fois créancière et débitrice, ne pouvant pas se poursuivre elle-même, on a dit que, dans ce cas, la créance était éteinte. En général, cette conséquence sera vraie; mais c'est, en réalité, constater simplement que la distinction entre les qualités de créancier et de débiteur n'a plus sa raison d'être; ce n'est pas énoncer un principe de droit. La poursuite est devenue impossible, c'est pourquoi la créance disparaît.

Il en est, en réalité, de la confusion comme de la perte de la chose. Quand l'objet de l'obligation est détruit, il est clair que l'on ne peut en poursuivre l'exécution. On constate un fait, et on en conclut que l'obligation est éteinte.

Dans la confusion, l'obstacle à l'exécution vient non plus de ce que l'objet a cessé d'exister, mais de ce qu'une des deux personnes, le créancier ou le débiteur, a disparu. Les Romains exprimaient cette idée dans l'adage bien connu : *Confusio potius eximit personam obligationi quam extinguit obligationem*. C'est la même doctrine que professait Papinien lorsqu'il disait : « *Aditio* « *hæreditatis nunquam jure confundit obligationem.* » (L. 95, § 2, D., *de solut.*, 46, 3.) Et c'est elle que l'on retrouve dans nos anciens auteurs : « Il est évident, di- « sait Pothier (*Obligat.*, n° 643), que par le concours de « ces deux qualités contraires de créancier et de débi- « teur en une même personne, elles se détruisent mu- « tuellement, car on ne peut être le créancier et le débi- « teur tout à la fois. On ne peut être créancier de soi- « même ou débiteur envers soi-même ; de là résulte « *indirectement* l'extinction de la créance, lorsqu'il n'y « a pas d'autres débiteurs ; car comme il ne peut y avoir « de dette sans débiteur, la confusion éteignant dans la « personne qui était seule débitrice la qualité de débi- « teur, et ne restant plus par conséquent de débiteur, « il ne peut plus y avoir de dette.

Ces principes ont inspiré les rédacteurs du Code, et, d'ailleurs, il ne pouvait pas en être autrement, car la nature des choses les leur imposait.

Si la confusion n'est, en réalité, que la constatation d'un fait, d'un défaut d'intérêt entraînant comme conséquence l'extinction de l'obligation, cette extinction ne doit avoir lieu que dans la mesure dans laquelle existe ce défaut d'intérêt. Comme l'a dit Mourlon, *la confusion doit éteindre les droits dont l'exécution est impossible, mais elle n'éteint que ceux-là*. En supposant la réunion sur la même tête de la totalité des droits et des obligations, l'extinction sera complète ; dans le cas contraire, elle ne se produira que dans la mesure dans laquelle aura eu lieu cette réunion.

Mais vous reconnaissez vous-même, nous objectera-t-on peut-être, que la créance est restée sur la tête du subrogeant; dès lors la réunion des deux qualités de créancier et débiteur s'opérant, la créance s'éteindra en vertu de vos principes. L'hypothèque, droit accessoire, suivra le sort du droit principal et s'éteindra avec lui, même à l'égard du subrogé.

Cette objection ne fait que reproduire le raisonnement qui nous a conduit à déclarer l'hypothèque absolument éteinte dans le cas de compensation; mais ici il est inapplicable. Pourquoi est-il exact en matière de compensation? C'est parce qu'elle est un vrai mode d'extinction des obligations; ce principe est précisément celui que nous ne saurions admettre pour la confusion. Si elle éteint la dette, elle ne le fait que dans la stricte mesure où l'existence de cette dette ne présente plus d'intérêt. Or ici le subrogé a intérêt à la maintenir; il doit donc pouvoir le faire. Il en est du subrogé à l'hypothèque comme du certificateur de caution. Lorsque le débiteur principal est devenu l'héritier de la caution, on dit également que le cautionnement est éteint, et cependant le certificateur est toujours lié. Le créancier peut, en la personne de son débiteur, faire la distinction entre les deux qualités, pourquoi le subrogé ne pourrait-il pas faire de même en celle de son subrogeant?

Dans une foule d'autres cas, la loi applique cette doctrine. Ainsi, pour les débiteurs solidaires, lorsque le créancier devient héritier de l'un d'eux, la dette subsiste pour le tout, moins la part que doit fournir le créancier (art. 1209 et 1301). En droit romain même, il conservait son action entière quand il n'y avait pas société entre les débiteurs (L. 95, § 3, D., *de solut.*, 46, 3, f. Papinien). Ce principe s'applique également lorsqu'il s'agit de la détermination de la réserve et de la quotité disponible; pour fixer le montant du patrimoine du défunt, on ne tient pas compte de la confusion qui a pu se produire en la personne des héritiers. On retrouve encore cette théorie dans le cas de consolidation de l'usufruit, ce qui n'est qu'une forme de la confusion. Lorsqu'elle s'opère, elle laisse intacts tous les droits qui pouvaient exister sur cet usufruit, par exemple, les hypothèques. « La consolidation, disent « MM. Aubry et Rau (t. II, § 234, note 28), n'est pas « plus une véritable cause d'extinction de l'usufruit « que la confusion n'est un mode d'extinction des obli- « gations. »

Bien que ces principes nous paraissent incontestables, la jurisprudence s'est prononcé contre nous (Orléans, 16 mars 1849; Dev., 49, II, 449). C'est du reste le seul arrêt sur cette question, et il n'examine pas le point fondamental de notre doctrine, la nature de la confusion.

Pour la perte de la chose, mode d'extinction spécial aux obligations de corps certains, elle doit emporter extinction de l'hypothèque si elle arrive par cas fortuit. En effet, l'action hypothécaire, donnant droit au prélèvement d'une somme d'argent, est la garantie plutôt de dommages-intérêts résultant de l'inexécution que de l'exécution de l'obligation elle-même. Elle a pour objet de faire obtenir la valeur de la chose. Comme dans l'espèce, la chose étant périe sans la faute du débiteur, aucune somme n'a jamais été due; l'hypothèque, qui était conditionnelle, disparaît.

Quant à la prescription, elle vaudra aussi *erga omnes*. Elle est fondée sur une présomption de libération. La loi présume que le débiteur s'est libéré. Dans quelle mesure peut-il l'avoir fait? Il est impossible d'admettre que ce ne soit que partiellement. La présomption est qu'il a usé de son droit : ce doit être d'une manière complète; peu importe que la subrogation lui ait été notifiée, car cette signification n'a pas le caractère de poursuite, et ne peut valoir même comme acte interruptif de la prescription. Il en serait autrement s'il avait accepté la subrogation, car cette acceptation vaudrait certainement comme reconnaissance de la dette. Mais ceci n'est pas vrai du mari acceptant la subrogation pendant le mariage. A ce moment, les intérêts sont confondus, la liquidation seule établira les droits de chacun, comme nous l'avons dit. Aussi la loi établit-elle que la prescription ne court pas entre époux pendant le mariage (2253).

Pour ce qui est des autres événements que la loi

range parmi les causes d'extinction des obligations, tels que nullité ou rescision, terme extinctif, condition résolutoire, ils atteignent la créance, et, par suite, l'hypothèque dans son origine elle-même. Ils ne peuvent pas ne pas détruire les droits du subrogé comme ceux du subrogeant, d'après l'axiome : *resoluto jure dantis, resolvitur jus accipientis* (2125).

Tels sont à nos yeux les effets de la notification ou acceptation de notre contrat sur les différents modes par lesquels peut s'éteindre l'obligation. En résumé, nous les classons en deux catégories : les uns pouvant être méconnus par le subrogé, les autres dont il doit accepter les conséquences.

Dans la première, nous rangeons le paiement, la dation en paiement, la novation, la remise de la dette, par ce motif que la subrogation emporte translation de l'hypothèque, résultat que doivent respecter le débiteur et le subrogeant en se renfermant chacun dans leur droit strict. Nous y placerons encore la confusion, parce que ce n'est qu'un fait et non une cause d'extinction des obligations.

Dans la seconde viendront se ranger les autres modes. D'abord la compensation, car l'extinction est ici une conséquence des principes du droit, avec ce motif spécial pour l'hypothèque légale qu'elle est la garantie d'un compte dont il faut attendre la reddition pour déterminer les droits des tiers; mais, dans ce compte, nous n'admettrons pas, comme valant extinction, les paiements partiels qu'aurait pu faire le mari sous forme de remploi ou autrement. Nous ferons également rentrer dans cette catégorie la perte de la chose, la prescription, etc., tous modes sur lesquels il ne peut s'élever de difficultés.

Après avoir posé les bases de la théorie qui nous a paru répondre le mieux à l'intention des parties, nous devons examiner et discuter les opinions diverses qui se sont produites sur cette matière. Il y en a trois principales. Leurs auteurs ne se sont du reste occupés, en général, de la subrogation qu'au point de vue de l'hypothèque légale. La première, celle de M. Bertauld, partant du principe de l'inséparabilité, voit dans notre convention une cession de créance. D'autres auteurs, en plus grand nombre (MM. Aubry et Rau, Benech, etc.), considèrent cette opération comme un nantissement des créances de la femme. Enfin, M. Pont soutient qu'il n'y a qu'une délégation des droits de la femme.

Mais avant d'examiner en détail ces opinions, il est une critique que nous nous permettrons d'adresser à leurs savants défenseurs. Ils ne nous paraissent pas partir d'un principe sûr et clair d'où se déduisent logiquement toutes les conséquences ; il est fort difficile de dire qu'elle est exactement l'idée qui les dirige.

La première de ces trois opinions, celle de M. Bertauld, ne nous demandera que peu de développements, sa réfutation se trouvant dans toute la théorie que nous avons développée. Nous ferons seulement remarquer que, d'après les principes que nous avons posés, les deux grands intérêts de la discussion ont disparu, puisque dans l'une et l'autre opinion, comme nous avons essayé de le démontrer, le subrogé, d'un côté, pourra méconnaître un paiement ou telle autre extinction conventionnelle de la créance, et, de l'autre, devra, en ce qui concerne l'hypothèque légale, accepter les conséquences d'une compensation. L'intérêt de la discussion se réduit donc à des différences de détail, et particulièrement à l'effet de la compensation dans les cas autres que celui de l'hypothèque légale.

Pour MM. Aubry et Rau, la subrogation dans l'hypothèque ne constitue « qu'une sorte de cautionnement « réel ou de nantissement *sui generis*, qui, sans inves- « tir le subrogé de la propriété soit de la créance du « subrogeant, soit de l'hypothèque qui la garantit, « l'autorise cependant à exercer, dans la mesure de sa « propre créance, les droits hypothécaires que ce der- « nier pouvait faire valoir. (T. II, § 288, p. 890.) »

Et, plus loin, § 288 *bis*, p. 902. « La subrogation dans « l'hypothèque légale, de quelque manière et sous quel- « que forme qu'elle se soit opérée, n'investit le créan- « cier subrogé ni de la propriété des créances de la « femme contre son mari, ni même de son hypothèque, « laquelle reste attachée, comme accessoire, à ses droits « et reprises; elle confère seulement au subrogé le droit « d'exercer éventuellement et jusqu'à concurrence de « sa créance, les droits hypothécaires de la femme, « dans la même mesure et sous les mêmes conditions « qu'elle pourrait le faire elle-même. » Les savants auteurs citent, à l'appui de leur doctrine, un arrêt de la cour de Caen du 11 mars 1854 (Dev. 55, II, 69), sur lequel nous reviendrons en étudiant l'opinion de la jurisprudence; car il nous paraît, au contraire, consacrer notre opinion dans ses conséquences les plus extrêmes.

Cette théorie peut se résumer ainsi : la subrogation est un nantissement, qui donne au créancier nanti le droit d'exercer les actions de la femme. Il nous semble bien difficile de considérer comme un nantissement l'acte en vertu duquel une personne acquiert le droit d'exercer, en son propre nom et à son profit, les droits d'autrui. Une opération produisant ce résultat ne peut être qu'un transport ou une délégation. Le nantissement est la constitution d'un droit sur un autre droit; or, dans l'opération qui consiste à transférer l'exercice d'une action d'une personne à une autre, cette constitution ne se rencontre pas; il n'y a qu'une cession de droit. Dire que celui qui confère à quelqu'un l'exercice d'un droit fait un nantissement, c'est associer ensemble deux idées qui nous paraissent contradictoires.

D'ailleurs, nous ferons à ce système une objection capitale. Si la subrogation est un nantissement, c'est un nantissement de créance soumis aux formalités exigées par la loi (2086 et 107). Tout le monde reconnaît cependant qu'il est impossible d'appliquer ces formalités à la subrogation. Cette reconnaissance n'est-elle pas la condamnation de la doctrine elle-même? N'emporte-t-elle pas l'aveu que ce contrat n'est pas un nantissement de créance? Pour nous, cette contradiction nous paraît décisive. Dira-t-on maintenant que c'est un nantissement de l'hypothèque? Mais cette mise en gage constituerait précisément l'hypothèque de l'hypothèque que le législateur a prohibée dans l'article 775. (Pr.)

Néanmoins, nous sommes parfaitement d'accord avec les savants auteurs, dont nous combattons l'opinion, sur ce point que « la cession de l'hypothèque n'est, en « réalité, et d'après l'intention des parties, qu'une con- « vention de garantie. (Aubry, § 288, note 18). » Mais reste à savoir quelle forme prend cette convention. Laissant cette idée de nantissement dans le domaine de l'intention des parties, où le législateur l'a renfermée, nous cherchons à l'aide de quelle opération les parties ont voulu atteindre leur but, et nous avons établi que c'était par une cession des droits hypothécaires de la femme.

A côté de ces deux théories s'en est élevée une troisième, qu'a développée avec un grand talent M. Pont (*Traité des priviléges*, n° 449 et séq.). Pour l'éminent jurisconsulte, l'opération tentée par les parties est une délégation, ou plutôt une sorte de dation en paiement des droits de la femme Il n'arrive, à la vérité, à cette explication qu'en éliminant successivement toutes les autres. Il repousse notamment l'idée de cession de créance ou d'hypothèque par ce motif qu'elle suppose nécessairement un prix tel que le définit la loi dans l'article 1591, et que ce prix manque complétement dans la subrogation.

M. Pont nous paraît ici faire une confusion entre deux idées parfaitement distinctes, celle de cession et celle de vente. La seconde n'est qu'une espèce, c'est la première qui est le genre. Le mot cession est un terme générique synonyme de transport. Lorsque la cession sera faite moyennant une somme stipulée en argent, c'est-à-dire un prix, elle prendra la forme d'une vente; mais, pour avoir lieu en échange d'une valeur quelconque, ou même à titre gratuit, elle n'en existera pas moins, tandis que d'après ce que dit l'honorable magistrat, toute cession de droit exigerait, pour être valable, la stipulation d'un prix, c'est-à-dire que toute cession serait nécessairement une vente. Cette théorie est inadmissible, et la jurisprudence l'a repoussée sans hésiter. (Caen, 11 mars 1854.)

Au fond, l'idée de délégation ou de dation en paiement à laquelle finit par se rattacher le savant auteur, se réfute d'elle-même. Elle réunit ensemble deux interprétations dont l'une exclut l'autre. D'ailleurs, M. Pont reconnaît que la séparation de l'hypothèque est possible, et que la subrogation est, de la part de la femme, un abandon de ses droits au créancier, afin qu'il les exerce à sa place. (*Des Privilèges*, n° 479.) Attribuer cet effet à la subrogation, n'est-ce pas lui reconnaître le caractère propre de la cession? Nous trouvons donc encore ici, comme précédemment, dans l'analyse même de la subrogation que présentent nos adversaires, la preuve que sa nature est bien celle que nous avons déterminée, une cession de l'hypothèque.

A laquelle de toutes ces théories la jurisprudence s'est-elle rattachée? Nous croyons pouvoir le dire sans crainte d'être démenti : elle s'est rattachée à l'idée d'une séparation possible entre l'hypothèque et la créance. Presque toutes les solutions qu'elle a données sont des conséquences de nos principes, bien que quelques arrêts paraissent les repousser dans leurs motifs, et le plus souvent elle les a affirmés, notamment dans un arrêt de la Cour de Cassation, du 8 août 1854 (Dall., 55, I, 337), et dans l'arrêt de la Cour de Caen, du 11 mars 1854 (Dev., 55, II, 69), qui en admet les conséquences les plus extrêmes. Il parle d'une subrogation dans le privilége d'un vendeur d'immeuble, et il déclare que ce privilége passe au subrogé qui l'exerce en son propre nom, au lieu et place du cédant, et que ce dernier, par suite de la cession, devient créancier chirographaire, et, comme tel, concourt au marc le franc avec les autres.

Nous avons vu quelle était la théorie qui nous paraissait rendre le mieux l'intention des parties. Examinons maintenant les conséquences de cette doctrine, et cherchons-en les effets dans les principales hypothèses qui peuvent se rencontrer.

La subrogation étant une cession d'hypothèque, le subrogé sera investi de l'action hypothécaire du cédant comme ce dernier l'était lui-même; mais il ne le sera que conditionnellement, puisque cette cession est conditionnelle. S'il n'est pas payé, il pourra poursuivre son paiement sur les immeubles hypothéqués, pourvu que, d'après le titre constitutif de l'hypothèque, l'exercice n'en soit pas suspendu par un terme ou par une condition. Par exemple, la femme, sous le régime dotal, a cédé l'hypothèque qui garantit sa dot, en supposant l'aliénabilité stipulée dans le contrat de mariage. Le subrogé ne pourra agir qu'après les délais imposés par la loi (1565). De même, la femme a stipulé, sous le régime de communauté, la reprise de ses apports francs et quittes de toutes charges et dettes, au cas de renonciation. Elle subroge un tiers dans l'hypothèque résultant pour elle de ce droit. Cette hypothèque est conditionnelle, et continue de l'être entre les mains du subrogé. Ce que nous venons de dire s'applique du reste à toute convention sur l'hypothèque légale, puisqu'elle est toujours conditionnelle en un certain sens, nous l'avons démontré.

L'immeuble est vendu, un ordre s'ouvre sur le prix; le subrogé y figurera en son propre nom, comme créancier hypothécaire, par une demande générale. S'il donne le nom du subrogeant, ce ne sera que pour indiquer l'origine de l'hypothèque. La collocation lui sera personnellement attribuée, comme elle l'aurait été au cédant, à son rang, et dans la mesure dans laquelle a eu lieu la cession. (Cass., 14 décembre 1863; Dev., 64, I, 36.)

S'il s'agit de l'hypothèque légale, il prendra le rang qu'aurait pris la femme, puisque c'est son hypothèque qu'elle lui a cédée; et, dans le concours entre plusieurs subrogations postérieures au 1er janvier 1856, le rang entre elles se déterminera d'après l'ordre des inscriptions. (Loi du 23 mars 1855, art. 9 et 11.)

Lorsque le créancier subrogé s'est servi de l'hypothèque pour obtenir son paiement, cette hypothèque est évidemment éteinte dans la mesure dans laquelle il en a fait usage. (Cass., 11 février 1867; Dall. 67, I, 465).

Cette conséquence incontestable et indépendante de la doctrine que l'on admet sur la nature de la subrogation, a cependant été niée par des auteurs et des arrêts. La Cour d'Orléans (27 mai 1848; Dev., 49, II, 283) a décidé que le subrogé ayant reçu le montant de la collocation, la femme n'en conservait pas moins son hypothèque pour la totalité de ses créances; et MM. Aubry et Rau, si nous ne nous trompons, semblent bien admettre la même solution. (T. II, § 288 *bis*, texte et notes 45-46.)

Ce serait le cas de répondre : *non bis in idem* : la même action hypothécaire ne peut être exercée deux fois. Le cessionnaire en a fait usage; nécessairement, dans la mesure dans laquelle il l'a employée, la femme ne saurait s'en prévaloir; mais, pour elle, la question n'est qu'une question de rang, car, par suite de la subrogation, prend naissance, en sa personne, une créance éventuelle d'indemnité, garantie par une hypothèque, à la date de cette subrogation.

Si un tiers acquéreur veut purger, et que mention de l'acte de cession existe dans l'inscription hypothécaire, il devra faire des notifications tant au subrogé qu'au subrogeant. A nos yeux, cette formalité est obligatoire et non facultative. (Angers, 3 avril 1835; Dev., 35, II, 226.)

Le paiement est effectué sur le prix de l'immeuble entre les mains du subrogé, quelle créance devra-t-on considérer comme payée? sera-ce seulement celle du subrogé qui a figuré à l'ordre, ou bien, à la fois, celles du subrogé et du subrogeant? D'après les principes que nous avons posés, le paiement aura porté sur la créance du subrogé et sur elle seule. Le subrogeant n'a pas figuré à l'ordre, et ne pouvait pas y figurer; il s'est dépouillé de l'hypothèque, il doit rester étranger à tout ce qui se passe. Par quelle fiction pourrait-on le regarder comme ayant reçu ce qui lui est dû quand, en réalité, il n'a rien touché? Quel intérêt d'ailleurs y trouverait-on, puisqu'en l'admettant on le constituerait gérant d'affaires du débiteur? On ne peut évidemment éteindre sa créance qu'à condition de lui en substituer une autre. (Caen, 11 mars 1854 ; Dev., 55, II, 69.) Mais nos principes mêmes nous conduisent à excepter de cette solution le cas où le débiteur voudrait user de la faculté que nous lui avons reconnue d'éteindre à la fois l'hypothèque et la créance; nous avons dit que le subrogeant, étant alors considéré comme ayant payé un créancier préférable, serait subrogé dans la créance de son cessionnaire.

Il pourrait se faire que, dans l'hypothèse où la cession aurait été partielle, l'hypothèque ne vînt pas complétement en rang utile. Le subrogé passerait-il avant son cédant ou bien concourraient-ils tous deux? Il doit en être de la cession partielle d'hypothèque comme de la cession partielle de créance. Il n'a rien été promis relativement à la solvabilité du débiteur; la cession était d'une part indivise; le cédant et le cessionnaire doivent concourir au prorata de leur part. Au reste, cette solution sera rarement appliquée en ce qui concerne l'hypothèque légale. Presque toujours, la femme étant obligée personnelle du subrogé, celui-ci se fera colloquer tant en son nom sur sa propre part, que sur celle de la femme en qualité de créancier (1166, 2093).

Remarquons aussi que la cession partielle ne devra pas en général être présumée, le but des parties étant d'opérer une subrogation dans la mesure nécessaire pour garantir le cessionnaire, ce qui exclut toute idée de concours avec son cédant sur l'hypothèque.

Nous venons d'examiner l'exercice de l'action hypothécaire par le subrogeant. Quant à l'action personnelle de son cédant, il n'a sur elle aucune réclamation à élever. Ainsi, la créance est-elle vendue sur saisie ou autrement, le subrogé n'aura en cette qualité aucun droit sur le prix de la vente. Il reste complétement étranger à cet acte qui ne change en rien sa position. La cession de l'hypothèque devra toujours être respectée par tous les ayant-cause du subrogeant. Ils ne seront, comme lui, que créanciers chirographaires, sauf le cas où ils voudraient racheter l'hypothèque en désintéressant le subrogé, et celui où le débiteur, voulant reprendre à la fois la créance et l'hypothèque, ferait une procédure d'offres, comme nous l'avons déjà dit.

Passons maintenant à l'examen des causes d'extinction de l'hypothèque et de leurs effets sur les droits du subrogé. Nous n'avons pas en vue l'extinction par voie accessoire et comme suite de l'anéantissement de la créance ; nous en avons déterminé les conséquences à propos de la notification de notre contrat. Nous voulons seulement dire quelques mots de l'extinction par voie principale, et de son mode de fonctionnement à l'égard du subrogé (2180).

Le premier est la renonciation du subrogeant (2180, 2°). Le débiteur ne pourra s'en prévaloir contre le subrogé. Aucune difficulté ne peut s'élever sur ce point; le renonçant n'était plus investi que conditionnellement de son droit, sa renonciation est nécessairement restreinte dans les mêmes limites; de sorte que, si le subrogé a eu la précaution de prendre inscription en son nom, il sera à cet égard à l'abri de toute radiation.

Pour l'hypothèque légale, cette renonciation peut représenter, sous une forme particulière, celle des articles 2144 et 2145. La femme ne peut consentir une pareille renonciation au préjudice du subrogé. Cette solution est incontestable. (Bordeaux, 10 août 1853; Dall., 54, II, 26).

Objectera-on qu'un débiteur représentant ses créanciers dans les actes qu'il accomplit, le subrogé a été représenté lorsque cette réduction a eu lieu; mais cette maxime suppose qu'on est en présence d'un créancier investi seulement du gage général de l'article 2093, qui laisse intact le droit d'administration du débiteur; tandis que le subrogé n'est pas créancier; il est cessionnaire de l'hypothèque et possède un droit propre, rendant sa position indépendante des actes que peut faire son cédant.

La prescription (2180, 4°) pourra, suivant les circonstances, produire des effets différents; mais, dans tous les cas, nous appliquerons les principes posés par la loi, combinés avec cette idée que le débiteur peut ou accepter ou refuser la subrogation. S'il l'accepte, il faudra appliquer les règles de la prescription en supposant l'hypothèque unie à la créance du subrogé. Dans l'hypothèse contraire, elle restera unie à la créance du cédant, et se prescrira comme si la cession n'avait pas eu lieu.

Pour la résolution des droits du subrogeant et la perte de l'immeuble, elles emportent nécessairement extinction absolue de l'hypothèque.

Reste la confusion, c'est-à-dire la réunion sur la même tête des deux qualités de créancier hypothécaire et de propriétaire. A propos de l'extinction de l'obligation, nous avons montré qu'elle n'était que la constatation d'un fait, d'un défaut d'intérêt; ce principe est tellement vrai que l'acquéreur, devenu ensuite créancier hypothécaire, pourra, en cas de besoin, se prévaloir de cette dernière qualité, nonobstant celle de propriétaire, pour garder par exemple une partie du prix dont il est débiteur (1251, 2°).

Sur tous ces modes, nous devons faire une remarque générale. Le subrogeant et le subrogé ont chacun sur l'hypothèque un droit conditionnel indépendant. L'extinction, se produisant vis-à-vis de l'un, sera nécessairement conditionnelle. Pour être complète, elle devrait avoir lieu également vis-à-vis de l'autre, et, par suite de cette indépendance, la cause pourra en être différente à l'égard de chacun.

La jurisprudence qui, en général, admet les solutions que nous venons de donner, s'est prononcée contre nous, en ce qui concerne la confusion, dans une espèce relative à l'hypothèque légale. (Cass. 1er août 1848; Dall., 48, I, 189.) Une femme mariée ayant cédé son hypothèque à un créancier de son mari, le subrogé voulut l'exercer sur les conquêts de communauté attribués à la femme lors de la liquidation; mais la Cour, tout en admettant que l'hypothèque légale porte en principe sur cette classe d'immeubles, repoussa l'action du cessionnaire, par ce motif que la femme, en étant devenue propriétaire, la confusion s'était produite en sa personne et avait éteint l'hypothèque, même à l'égard du subrogé. Ce raisonnement est inadmissible. Si on part de ce principe que l'hypothèque légale frappe les immeubles de communauté, la femme a pu céder ce droit qu'on lui reconnaît; comment alors, après l'avoir cédé, le réunirait-elle à celui qu'elle acquiert, afin d'opérer la confusion? On s'appuiera peut-être, bien que la Cour ne l'ait pas fait, sur cet autre principe que l'hypothèque qui frappe les conquêts est conditionnelle et dépend de la liquidation. Or, c'est précisément ce que nous repoussons; l'hypothèque frappe les conquêts d'une façon absolue, et subsiste même entre les mains de la femme. Cette dernière ne doit évidemment pas être de pire condition que les autres créanciers du mari; dès lors, le raisonnement que l'on nous apporte tombe complètement.

La translation de l'hypothèque n'étant que conditionnelle, le subrogeant, de son côté, conserve encore certains droits. Il pourra prendre des mesures conservatoires, ainsi faire inscrire en son nom l'hypothèque. Cette formalité serait même nécessaire, car la tendance de la jurisprudence est de restreindre au subrogé l'effet d'une inscription prise par lui (Cass., 3 juillet 1866, Dev. 66, I, 345); mais tout acte d'exécution lui serait interdit. Cependant, si un ordre s'ouvrait, et que le subrogé omît d'y figurer, par négligence ou par tout autre motif, le subrogeant pourrait y produire ; sa production ne serait alors qu'une mesure conservatoire.

Nous venons d'analyser en détail les effets de la translation du droit réel ; passons à l'étude des obligations que fait naître notre contrat. Elles se rapprochent par leur caractère et leur étendue de celles qui résultent d'une cession de créance. Ainsi, dans l'un et l'autre cas, sauf dérogation expresse, le cédant ne doit garantir qu'une chose, l'existence du droit cédé, créance ou hypothèque. Le cessionnaire, en effet, a entendu acquérir un droit dans les conditions déterminées par la convention, une action hypothécaire à tel rang et pour telle somme. Du moment où cette obligation est exécutée, il ne peut réclamer rien au-delà. L'efficacité de l'hypothèque reste soumise aux chances des événements ultérieurs.

Cette observation a du reste moins d'importance pour la subrogation dans l'hypothèque légale. La convention portant, en général, sur toute l'hypothèque et ne spécifiant pas celle résultant de tel ou tel acte, la femme n'a pas à garantir l'existence d'une hypothèque pour une somme déterminée.

Le transport opéré, le subrogeant, avons-nous dit, n'est pas obligé de garantir son cessionnaire contre les événements ultérieurs ; il faut en excepter cependant ceux qui proviendraient de son propre fait. Un cédant par son fait ne doit causer aucun préjudice à son cessionnaire, sous peine de dommages-intérêts. Mais quel est exactement le sens de cette formule un peu vague? Veut-elle dire que le subrogeant doit s'abstenir de tout acte quelconque de nature à nuire au subrogé? Lui donner une pareille étendue serait dépasser de beaucoup l'intention des parties. A nos yeux, sa signification est plus restreinte. C'est l'application de ce principe que *celui qui transporte un droit ne doit rien en conserver;* par suite, le subrogeant doit s'abstenir de tout acte qui supposerait de sa part la rétention de tout ou partie du droit cédé. Il nous semble impossible d'aller plus loin, et de donner une portée plus grande à ce principe. Ainsi la femme, se trouvant investie de deux hypothèques de dates différentes, cède la dernière. Nous supposons qu'il n'y a pas de la part de la femme garantie de la solvabilité de son mari. En appliquant la première formule dans sa généralité, on arriverait à interdire à la femme toute production à l'ordre, au cas où cette production nuirait au subrogé, c'est-à-dire où l'hypothèque de ce dernier ne viendrait pas en rang utile. Ce résultat est évidemment contraire à l'intention des parties. La femme a conservé l'hypothèque première en date, c'était évidemment afin de s'en prévaloir.

CHAPITRE III

Des différentes conventions qu'on rencontre sous le nom de subrogation à l'hypothèque.

Nous avons étudié dans le chapitre précédent la nature et les effets généraux de la subrogation dans l'hypothèque légale. Nous arrivons à l'examen des différentes formes qu'elle peut revêtir, des différentes opérations qui se trouvent réunies sous cette dénomination unique, opérations qui se ressemblent au fond, mais qui diffèrent entre elles par les circonstances dans lesquelles elles naissent, et les effets plus ou moins complets qui en résultent.

Toutes ces conventions peuvent se ranger sous quatre chefs différents : ou *une cession* proprement dite, ou *une cession d'antériorité*, ou *une promesse d'abstention*, ou enfin *une renonciation*. Nous les examinerons successivement, puis nous traiterons en dernier lieu des *renonciations extinctives* en faveur de tiers acquéreurs.

Il est une autre partie qu'on rencontre dans certains ouvrages, nous voulons parler de la *cession à titre de nantissement des droits hypothécaires de la femme*. Ce n'est en réalité que la doctrine de MM. Aubry et Rau, Benech, etc. Or, nous avons montré, en discutant l'opinion de ces savants jurisconsultes, que les deux idées de cession et de nantissement nous paraissaient se contredire. Pour nous il n'y a là qu'une forme de la théorie générale sur notre matière, et non une convention à part.

Quelques auteurs adoptent un classification en deux catégories : subrogations expresses et subrogations tacites. Mais elle se fonde sur un caractère superficiel, tiré de la manière dont naissent ces conventions. On n'y retrouve pas la trace de différences dans leur nature ou leurs effets, de telle sorte qu'il faudrait dans chaque partie une sous-division.

Avant d'entrer dans l'examen des différentes conventions que nous avons énumérées, et d'étudier leur caractère propre, nous devons faire une remarque. Il peut arriver aux parties de donner à leur contrat une fausse dénomination ; ainsi, d'appeler cession d'antériorité ce qui n'est qu'une cession simple. L'opération ne sera pas nulle évidemment ; l'article 1156 est général et s'applique aussi bien à notre contrat qu'à tout autre; on devra seulement rechercher la commune intention des parties sans s'occuper de son titre. Il n'y a là qu'une question d'interprétation de volonté.

Quant à la cession d'hypothèque proprement dite, nous l'avons étudiée dans le chapitre précédent. C'est le type de toutes ces différentes conventions. Nous n'ajouterons rien à ce que nous en avons dit.

I. — La cession d'antériorité est, de toutes les différentes formes que peut revêtir la subrogation, celle qui se distingue des autres le plus nettement. Elle se rapproche des contrats à titre onéreux, particulièrement de l'échange, et en emprunte certaines règles.

Deux créanciers hypothécaires conviennent que l'hypothèque, qui garantissait le droit de chacun, en sera détachée et servira à la garantie du droit de l'autre. Cette convention s'appelle cession d'antériorité. On dit alors qu'elle porte seulement sur le rang; mais cette interprétation nous semble ne pas en rendre un compte exact, et en restreindre le cercle d'application. Pour n'être qu'un échange de rang, elle devrait avoir lieu entre créanciers sur les mêmes immeubles. Il est bien évident, en effet, qu'on ne peut faire passer le rang d'une hypothèque existant sur un immeuble à une hypothèque reposant sur un autre. Au fond, l'échange exclusif de rang nous semble difficile à concevoir, car il ne peut avoir lieu que pour partie, dans la mesure de la plus faible des deux hypothèques, de telle sorte que la plus forte se trouverait avoir un rang pour une portion, et pour le reste un autre. D'ailleurs, en y regardant de près, on voit que chaque créancier serait investi de tous les avantages que son coéchangiste tirait de son hypothèque.

On a contesté que la cession d'antériorité fût distincte de la cession simple; on a dit que peu importait que l'acte contînt deux subrogations ou une seule, que ce n'était pas là un caractère propre, entraînant à sa suite des conséquences particulières. Nous ne saurions admettre qu'il en soit ainsi. Consistant dans un échange d'hypothèque, contrat à titre onéreux, elle diffère quant aux effets, on le comprend aisément, du contrat qui n'a pour but que de conférer à un créancier un avantage dont un autre était investi. De ce caractère propre, nous déduirons les conséquences, et nous montrerons qu'il n'y a pas là un pur intérêt théorique.

Examinons d'abord d'où résulte cette cession d'antériorité. Autrefois, la jurisprudence paraissait la faire découler de toute obligation consentie par la femme en faveur d'un créancier hypothécaire du mari (Caen, 3 mai 1852; Paris, 24 août 1853; Dall., 54, II, 20 et 105); mais, depuis, elle tend à se fixer en ce sens que la cession doit être expresse (Cass., 25 fév. 1862; Dall., 62, I, 240), sans quoi il n'y a qu'une subrogation investissant le subrogé, mais ne l'obligeant à rien. C'est aussi l'opinion à laquelle nous nous rallions.

Cet échange est conditionnel. Il est fait pour le cas où un ordre s'ouvrirait sur l'immeuble. La condition se réalisant, le subrogé peut demander à être colloqué à la place du subrogeant, sans se préoccuper du point de savoir si sa propre hypothèque viendra ou non en rang utile.

Puisque c'est un échange conditionnel, il faudra lui appliquer les règles sur les effets des conditions dans les contrats (1182). La loi établit que la perte produite avant l'arrivée de la condition empêche le contrat de naître, et, par suite, est à la charge du débiteur de l'objet détruit. En l'appliquant à notre espèce, nous dirons que l'une des deux hypothèques étant éteinte, celle du subrogé, par exemple, le contrat ne peut prendre naissance, et le subrogeant conservera son hypothèque. La jurisprudence n'a pas eu à trancher cette question elle-même, mais ses décisions s'appuient sur les principes que nous soutenons. (V. Riom, 3 août 1863; Dall., 63, II. 135; Cass., 9 août 1865; Dall., 66, I, 35.)

Qu'arriverait-il si le subrogé, sans laisser éteindre son hypothèque, avait laissé périmer son inscription? La jurisprudence (V. arrêts ci-dessus) a décidé que, dans ce cas, il y avait lieu à dommages-intérêts. Pour nous, d'accord avec les principes que nous venons de poser, nous trancherions la question d'une manière un peu différente; nous continuerions à appliquer l'article 1182, en donnant à la femme le choix ou de maintenir la subrogation avec des dommages-intérêts, ou de résoudre le contrat. L'intérêt de la femme à avoir le choix est évident. Il y a une différence entre le montant des dommages et intérêts qui lui seront accordés et ce qu'elle obtiendra en conservant son hypothèque. En prenant ce dernier parti, elle serait complétement à couvert; toute sa collocation hypothécaire lui serait attribuée. Au contraire, les dommages-intérêts seront évalués d'après le tort causé à la femme par le défaut d'inscription de la part du subrogé, c'est-à-dire qu'elle ne pourra réclamer que ce qu'elle aurait eu si l'inscription n'avait pas été périmée. Ce sera tout ou partie de sa créance, suivant que cette inscription aurait fait colloquer ou non l'hypothèque en rang utile. Un autre inconvénient de ce dernier parti sera d'exposer la femme à l'insolvabilité du subrogé.

On objectera peut-être qu'accorder ce choix à la femme, c'est lui donner tout l'avantage de la position, car elle n'accepterait certainement la subrogation que dans le cas où l'hypothèque du subrogé la couvrirait, c'est-à-dire lorsque le contrat serait inutile. Mais cette conséquence n'a rien qui doive nous étonner, elle est la même pour tous les contrats conditionnels (1182). Nous croyons que si la Cour de Cassation ne s'est pas décidée par les mêmes motifs, cela tient à ce que, d'après la manière dont la question lui était posée, elle n'a eu à l'envisager que sous une de ses faces.

Mourlon (*Transcr.*, n° 924) admet notre solution, en l'appuyant sur d'autres principes. Il se fonde sur l'article 1431, d'après lequel la femme est réputée n'être que caution du mari lorsqu'elle s'oblige solidairement avec lui. Par suite de cette disposition, elle pourrait, dit-on, invoquer contre le subrogé la déchéance de l'article 2037, s'il a laissé périmer son inscription. En admettant que ce motif fût exact, il serait incomplet, puisque, loin de s'appliquer à tous les subrogeants, il ne s'appliquerait qu'à la femme, et encore seulement dans le cas où elle aurait joint à la subrogation une obligation solidaire. Mais au fond, cet argument doit être repoussé complétement. L'article 1431 règle les rapports du mari et de la femme, et ne regarde en rien ceux de la femme avec les tiers. Lorsqu'elle se constitue débitrice solidaire avec son mari, vis-à-vis de ce dernier elle n'est que caution, il est vrai, mais vis-à-vis des créanciers sa situation est réglée par les termes du contrat.

L'effet de la cession d'antériorité est donc d'investir chacun des créanciers de tout ou partie de l'hypothèque de l'autre; seulement, celui qui était le second passe le premier, même sur sa propre hypothèque si elle était plus forte. On pourrait dire qu'on ne fait qu'une seule masse des deux collocations et qu'on place d'abord le subrogé et ensuite le subrogeant; c'est un véritable sous-ordre.

De ce fait que chacun se trouve avoir en tout ou en partie l'hypothèque de l'autre, résulte encore cette conséquence que tous deux ont le droit de prendre des mesures conservatoires des deux droits. Il sera même prudent à eux de ne pas les omettre. Ainsi, la femme pourrait mentionner la cession d'antériorité en marge de l'inscription de l'hypothèque conventionnelle du subrogé pour l'empêcher d'en donner main-levée à son détriment.

II. — La promesse d'abstention est l'acte par lequel un créancier hypothécaire promet à un autre de ne pas se prévaloir de son hypothèque, ou plutôt par lequel il le subroge dans la mesure de l'intérêt qu'il aurait à l'inexistence de cette hypothèque. On peut dire que, à l'égard du subrogé, l'hypothèque est considérée comme éteinte, mais, au fond, ce contrat est une subrogation partielle.

Cette opération peut avoir lieu au profit d'un créancier hypothécaire ou chirographaire. Dans les deux cas, l'effet est le même; on calcule ce qu'aurait le créancier si le subrogeant n'avait pas d'hypothèque, et ce à quoi il aurait droit sans la promesse d'abstention; on lui donne sur la collocation hypothécaire la différence entre les deux résultats.

Du reste, cet effet est le même que celui de la renonciation extinctive; nous l'étudierons plus en détail dans le paragraphe suivant.

III. Les renonciations en faveur des créanciers se présentent sous des formes diverses produisant des effets différents. Dans leur forme, elles sont expresses ou tacites, suivant qu'elles résultent d'une déclaration formelle de volonté ou qu'elles sont une conséquence de certains actes. Dans leurs effets, elles sont abdicatives ou transmissives, suivant que les parties veulent investir complétement le subrogé de l'hypothèque ou ne l'en investir qu'en partie. Une autre division peut se tirer de la position de celui en faveur duquel elles sont consenties; le créancier est-il hypothécaire ou chirographaire? Pour nous, adoptant la division tirée de leurs effets, nous ramenons ces conventions à deux types que nous connaissons déjà : une cession proprement dite ou une promesse d'abstention. Ces deux espèces de renonciations présentent entre elles de très grandes différences que nous allons rapidement énoncer.

Lorsqu'on parle de renonciations extinctives, on n'entend pas dire par là que le renonçant doit éteindre absolument son hypothèque, mais que, entre les parties, elle sera considérée comme éteinte; on calculera donc, abstraction faite de l'hypothèque, les droits du subrogé, et on lui permettra de prendre sur la collocation la différence entre le dividende qu'il aurait touché par ce calcul et la part qu'il aurait eu en réalité en présence de l'hypothèque. C'est une subrogation partielle et subordonnée au résultat de la liquidation.

La renonciation transmissive, au contraire, est une véritable subrogation; celui en faveur duquel elle est consentie est investi de l'hypothèque pour la totalité de sa créance. La différence entre les deux opérations n'est donc au fond que dans la quotité de la cession. Dans un cas elle est totale, dans l'autre partielle.

Pour rendre plus sensible cette différence et faire mieux comprendre l'effet de chacune de ces conventions, prenons un exemple. L'immeuble d'un homme marié est vendu; trois créanciers figurent à l'ordre ouvert sur le prix de cet immeuble. La femme est créancière de 100,000 francs pour ses reprises et première en date, *Primus* pour 90,000 francs, et *Secundus* pour 90,000. Au profit de ce dernier a eu lieu, par la femme, une renonciation extinctive à son hypothèque légale. L'immeuble a été vendu 200,000 francs; il s'agit de distribuer le prix entre les ayant-droit. D'après l'ordre naturel, la femme, première en date, prendrait les 100,000 francs qui lui sont dus, *Primus* serait colloquée au second rang pour ses 90,000 francs, et *Secundus* en touchera 10,000. Mais *quid*, s'il y a eu une renonciation extinctive de l'hypothèque légale au profit de *Secundus?* Cette convention ne changera en rien la position de *Primus;* il ne sera tenu de laisser passer devant lui que la femme pour le montant de sa collocation. Quant à *Secundus*, pour calculer le montant de sa collocation, il faudra faire abstraction de l'hypothèque légale, et la considérer comme n'existant pas. S'il en était ainsi, le concours sur le prix ne s'établirait qu'entre *Primus* et *Secundus*, ce qui donnerait le résultat suivant : le premier prendrait les 90,000 francs qui lui sont dus, et *Secundus* arriverait en rang utile pour ses 90,000 francs. D'un autre côté, nous venons de voir que, sans la renonciation, il n'aurait touché que 10,000 francs. La différence entre ces deux collocations, c'est-à-dire 80,000 francs, sera la somme qu'il aura droit de venir prélever sur la collocation de la femme. En définitive, l'ordre amènera donc le résultat suivant : *Secundus* prendra 80,000 francs, la femme 20,000, ce qui fait 100,000, montant de sa collocation ; *Primus* touchera ses 90,000 francs, et *Secundus*, à son rang, les 10,000 restant.

En présence d'une renonciation transmissive, le calcul serait beaucoup plus simple. *Secundus* viendrait se faire colloquer le premier à la place de la femme, et cela pour le total de sa créance, c'est-à-dire en reprenant l'hypothèse précédente pour 90,000 francs. La femme prendrait le surplus, 10,000. *Primus* aura toujours ses 90,000 francs ; peu lui importe, en effet, que la renonciation soit transmissive ou extinctive, les conventions intervenant entre des créanciers postérieurs et antérieurs ne peuvent lui nuire ni lui profiter. Elles sont pour lui *res inter alios acta*. Reste 10,000 francs qui seront attribués à la femme ; c'est la partie de la collocation du subrogé qui lui est inutile, la renonciation ne devant pas profiter à d'autres qu'à lui, le surplus de sa collocation appartient à la femme.

On peut modifier les espèces et faire varier la quotité à laquelle aura droit le subrogé; ce sera toujours l'application des mêmes principes; on la saisit facilement.

Dans l'hypothèse précédente, nous supposions que le créancier, en faveur duquel intervenait une renonciation, était un créancier hypothécaire. S'il était chirographaire, les principes seraient les mêmes. Aussi nous nous bornerons à faire deux remarques. La première touchant l'interprétation du contrat dans lequel; en général, il faudra plutôt voir une subrogation : c'est le sens le plus naturel à lui donner; la seconde relative au calcul du droit du créancier en présence d'une renonciation extinctive. Nous avons dit que pour l'établir il fallait déterminer quelle était la part du subrogé en présence de l'hypothèque, puis en en faisant abstraction. Pour ce dernier calcul, le renonçant sera considéré, à l'égard du subrogé, comme créancier chirographaire, et concourra avec lui. Il n'a en effet abandonné que son hypothèque, non sa créance.

Nous venons d'analyser les deux catégories d'opérations réunies sous cette dénomination commune de renonciation à l'hypothèque et d'en indiquer les effets, cherchons maintenant d'où elles résultent. Sur ce point existent d'assez vives controverses.

D'abord découlent-elles de l'engagement solidaire que la femme prend envers un créancier de son mari? Mourlon et quelques auteurs le soutiennent. « Se porter « garant de la dette d'un tiers, dit Mourlon (Transcr., « n° 986), c'est promettre au créancier avec lequel on « traite qu'il sera payé, et, par conséquent, s'engager à

« ne point mettre en travers de son droit les droits « qu'on peut avoir soi-même sur son débiteur, ce qui « implique en sa faveur la renonciation à ces mêmes « droits. »

Nous ne saurions partager cette manière de voir. Elle nous paraît peu conforme aux vrais principes comme à l'intention des parties, et entraîner des conséquences exagérées. Ce système conduit nécessairement à admettre cette conséquence que, du moment où une personne est obligée principalement ou accessoirement, comme débitrice solidaire ou comme caution, au paiement d'une dette, elle doit, au cas d'insolvabilité du débiteur, abandonner l'exercice de toute action qu'elle pourrait avoir contre son co débiteur, quelle qu'en fût la cause. Ce pourrait être, suivant les circonstances, porter un grave préjudice à la caution, sans grand avantage pour son créancier. En supposant, par exemple, qu'une femme mariée eût cautionné un créancier de son mari, et que ses reprises fussent d'une faible importance relativement à la masse des biens et des dettes de ce dernier, le partage du montant de ces reprises augmenterait de peu le dividende de chacun. D'un autre côté, écarter la femme pourrait entraîner son insolvabilité, de telle sorte que le résultat serait de ne donner au créancier que deux dividendes au lieu d'un paiement intégral qu'il aurait eu en la laissant concourir avec lui.

Nous venons de supposer que le cautionnement de la femme avait un effet absolu profitant à tous les créanciers du mari. Cette opinion est inadmissible, quoiqu'elle ait été soutenue. Le cautionnement leur est étranger; la femme a conservé à leur égard tous ses droits, et en particulier celui de produire à l'ordre. Nos contradicteurs en sont alors réduits à dire que le créancier en vertu d'une obligation chirographaire sera subrogé dans l'hypothèque, et viendra prendre la collocation de la femme par préférence aux autres créanciers, ce qui est contradictoire. La femme, en s'obligeant simplement, n'entend qu'ajouter son crédit à celui de son mari, constituer sur ses biens un droit de gage général imparfait, et non un droit spécial et complet.

Le bien fondé de notre réponse se montre spécialement dans l'hypothèse où la femme, après la dissolution du mariage, ayant accepté la communauté, se trouve, par suite de son acceptation, obligée pour moitié au paiement des dettes communes. Faudra-t-il en conclure, comme la logique y contraint nos adversaires, que la femme ne peut figurer à l'ordre en concours avec les créanciers de la communauté, ou plutôt que son acceptation vaudra à leur profit renonciation à son hypothèque légale? Personne cependant ne l'a jamais soutenu.

Enfin, ce système conduit à un résultat bizarre. La loi de 1855, imposant la forme authentique pour la validité des renonciations, on arrive forcément à les maintenir ou à les annuler, suivant que les parties, dans le titre constitutif de l'obligation, se sont ou non soumises aux prescriptions de la loi.

Nos contradicteurs déduisent de l'existence d'une

obligation un certain effet, et ne peuvent l'appliquer que dans le cas où l'acte contenant cette obligation serait fait dans une certaine forme. Cette singularité est trop contraire aux principes de notre droit. Qu'on ne nous objecte pas que notre opinion se contredit elle-même en faisant découler la renonciation de l'obligation de la femme en faveur d'un créancier hypothécaire; car dans cette hypothèse la renonciation ne se déduit pas de l'existence du cautionnement. La Cour de Cassation l'a très bien fait ressortir (14 mars 1865; Dall., 66, I, 129), mais de l'intention particulière et spéciale de la femme de consentir une renonciation, consentement qui ne pourra avoir son effet que si l'acte est revêtu de la forme authentique.

Analysons maintenant le raisonnement que l'on nous oppose. Il se fonde sur la maxime : *Quem de evictione tenet actio, eumdem agentem repellit exceptio.* De même, dit-on, que le garant d'une vente ne peut pas expulser l'acheteur, de même celui qui s'est obligé à payer une dette ne saurait, par l'exercice d'un droit, en entraver le paiement.

Nous remarquerons d'abord que la maxime invoquée n'est faite que pour les droits réels. Elle décide que celui qui a promis au possesseur de le maintenir en possession ne peut l'évincer, ce qui suppose un droit réel et une action dirigée contre le possesseur de ce droit. Il n'y a rien de semblable dans notre espèce. Lorsque quelqu'un s'est obligé à payer une certaine somme d'argent, que ce soit principalement ou accessoirement, de cette obligation ne résulte pour le créancier que le droit de prendre cette somme sur les biens de son débiteur en concours avec tous les autres créanciers de ce dernier; car, remarquons-le, la question n'a d'intérêt que dans le cas où le débiteur serait insolvable; dans le cas contraire, la question de savoir s'il y a eu une renonciation à l'hypothèque est indifférente.

Mais, dit-on, celui qui cautionne une dette promet qu'elle sera payée, et, par conséquent, ne doit pas en entraver le paiement. Cette manière de voir nous semble inexacte, la caution ne promet pas que le débiteur payera, c'est là un fait qui lui est étranger; elle s'engage à payer elle-même dans le cas où le débiteur manquerait à son engagement. C'est une obligation conditionnelle. Dès que la condition est arrivée, le créancier acquiert son droit. Ce n'est donc par suite ni de la nature de l'obligation, ni de l'intention des parties que le créancier pourrait se prétendre investi du droit de la caution.

La même solution doit-elle être admise lorsque l'obligation solidaire est consentie par la femme en faveur d'un créancier hypothécaire, ou bien faut-il reconnaître, au contraire, l'existence de l'intention de subroger? Nous nous rangeons à ce dernier parti avec l'unanimité des arrêts et presque tous les auteurs. Le motif qui nous détermine est un motif de fait, et non un motif de droit. Qu'on prenne des renseignements auprès des hommes pratiques compétents, tous reconnaîtront qu'en rédigeant ces actes les parties ont en vue, non-seulement de créer une obligation et une hypothèque, mais aussi de faire une subrogation plus ou moins complète dans l'hypothèque légale. La preuve qu'elle est la conséquence d'une intention à part et non de l'existence de l'obligation combinée avec la présence d'une hypothèque, a été mise en relief par l'arrêt de la Cour de Cassation du 14 mars 1865 (*cit. supra*). Il repousse la prétention d'un créancier de faire découler une subrogation de l'existence d'une obligation solidaire de la femme garantie par une hypothèque judiciaire. On trouvait dans cette espèce le concours d'une obligation et d'une hypothèque, mais comme l'hypothèque n'était pas née d'une convention, la cour décide que la manifestation de la volonté de subroger n'avait pas pu se montrer.

L'obligation solidaire consentie par la femme envers un créancier hypothécaire du mari emporte donc renonciation au profit de ce créancier dans son hypothèque légale. Mais qu'elle est exactement la portée de cette opération ? Est-ce une renonciation transmissive, une promesse d'abstention, une cession d'antériorité ? Le silence des parties laisse en général sur ce point toute latitude aux interprètes. Aussi voit-on les auteurs et les arrêts se contredire. Comme on se trouve encore ici en présence d'une question d'intention, pour la déterminer, la première règle sera évidemment de rechercher dans les circonstances qui environnent l'acte (1156-1161). Que si elles ne peuvent éclairer l'interprète, l'opération qu'il nous paraît le plus naturel de supposer est une renonciation transmissive, une subrogation véritable. Le créancier veut en effet se prémunir contre l'hypothèque légale, et, comme c'est lui qui dicte les conditions, il est présumable qu'il a entendu se garantir complétement. Pour ce qui est d'admettre une cession d'antériorité, c'est-à-dire un échange d'hypothèque, nous ne le ferions pas sans une intention formelle.

Ces renonciations étant de véritables subrogations, le créancier sera investi de l'action hypothécaire et usera de tous les droits que nous avons reconnus au subrogé (chap. II).

IV. — Nous abordons actuellement l'étude d'une convention qui est séparée par des différences profondes de toutes celles que nous venons d'étudier. C'est la renonciation extinctive en faveur des tiers acquéreurs. Elle se distingue des précédentes aussi bien par sa nature que par ses effets. Les précédentes investissaient plus ou moins complétement le créancier de l'action hypothécaire. Il n'en est plus de même ici., L'opération a pour but d'effacer l'hypothèque; on cherche le moyen d'atteindre ce but en évitant les longueurs et les frais de la procédure de purge. Aussi est-elle essentiellement extinctive de l'hypothèque. Mais dans quelle mesure et à l'égard de qui l'est-elle? C'est ce qu'il est très important de déterminer, d'autant plus que cette convention est la plus répandue de toutes. Dans presque tous les contrats de vente faits par un homme marié, la femme renonce à son hypothèque en faveur de l'acquéreur. Néanmoins les controverses sont aussi vives sur ces points que sur la nature et les effets de la subrogation proprement dite.

Au surplus, comme dans cette dernière, les jurisconsultes sont en présence d'une difficulté provenant d'un défaut de rédaction, seulement, à l'inverse de ce qui existe pour la subrogation, l'expression de la volonté, au lieu d'être diffuse, est généralement trop laconique. Ainsi, tantôt la femme concourt à la vente et promet sa garantie solidaire, tantôt elle donne son consentement à l'aliénation; d'autres fois, pour plus de simplicité, elle se borne à signer le contrat.

Toutes ces formes contiennent évidemment l'expression d'une volonté implicite de ne pas nuire à l'acquéreur par l'exercice de son hypothèque légale. Les auteurs et la jurisprudence n'ont pas hésité sur ce point. (Cass., 9 février 1859, Dev., 60, I, 647; *id.*, 26 août 1862, Dev., 62, I, 920.) Ainsi, lorsque la femme promet la garantie solidaire, elle s'oblige à laisser jouir l'acheteur de la possession paisible et utile. L'évincer par l'exercice de l'action hypothécaire serait évidemment violer cette obligation : nous sommes dans le cercle d'application de la maxime. *Quem de evictione tenet actio, eumdem agentem repellit exceptio.*

Il en est de même quand elle consent à la vente ou quand elle signe le contrat. Sa signature doit avoir une signification. La seule probable est celle de renoncer à son hypothèque. Que si un autre motif peut expliquer la présence de la femme au contrat, on n'en fera pas découler une renonciation. (Cass., 4 juin 1854, Dev., 55, I, 743 ; *id.*, 30 juin 1856, Dev., 57, I, 260.)

Tel est l'effet général et certain de ces conventions. Mais cet abandon est-il transmissif ou extinctif? Dans ce dernier cas porte-t-il sur le droit entier ou seulement sur une partie; en d'autres termes, la renonçante abdique-t-elle tout à la fois son droit de suite et son droit de préférence, ou seulement le premier? Sur tous ces points le doute est possible.

Pour écarter toute incertitude, les parties feraient sagement dans les contrats de vente d'expliquer clairement la portée et l'étendue de leurs intentions. Lorsqu'elles veulent éteindre complétement l'hypothèque, qu'elles le déclarent d'une manière précise; au contraire, si la femme entend conserver son droit de préférence, et n'abandonner que son droit de suite, qu'elle le dise formellement. Il n'y aura plus lieu aux procès qu'on voit naître journellement sur le sens et la portée de ces clauses. Malheureusement, il est loin d'en être ainsi. Presque toujours l'expression est trop concise et laisse place à l'incertitude.

De là le nombre considérable d'arrêts que nous trouvons sur ce point, preuve des hésitations que l'on rencontre dans la doctrine comme dans la jurisprudence. Cependant la majorité des auteurs et des décisions judiciaires admet avec raison, croyons-nous, que l'effet de ces sortes de renonciations est extinctif (Cass., 29 août 1866; Dev., 67, I, 9; Dall., 67, I, 49), et que la femme entend, le plus souvent, conserver son droit de préférence, tant que le prix n'est pas payé. (Agen, 14 et 21 mars 1866; Dall., 67, II, 129.)

Ce système met le tiers acquéreur dans la situation où il serait s'il avait purgé, et si la femme n'avait pas notifié de surenchère. Elle a fait l'abandon du droit de suite, elle conserve encore son droit de préférence sur le prix tant qu'il n'est pas payé. Qu'elle en laisse verser le montant entre les mains de son mari, son hypothèque sera éteinte d'une manière complète.

On a souvent prétendu que cette interprétation était inadmissible, une convention n'ayant jamais qu'un effet relatif. Quel sens attache-t-on à cette formule? Nous avouons que sa signification nous échappe. Veut-on dire qu'une convention ne peut avoir d'effet qu'entre les parties contractantes et leurs héritiers, et n'en produit aucun à l'égard de tout autre? Mais cet axiome est complétement faux. Une convention a toujours un effet absolu. La preuve en est dans le concours qui a toujours lieu entre les créanciers d'un même débiteur, le concours supposant nécessairement que chaque convention produit une obligation *erga omnes*. Ce principe, vrai pour les droits de créance, ne l'est pas moins en matière de droits réels. Une personne fait un contrat par lequel elle crée, transfère ou éteint un droit de cette nature, ce contrat sera dès sa naissance opposable à tous, à ses ayants-cause subséquents en particnlier. Qu'elle veuille, postérieurement à ce contrat, créer ou transférer le même droit au profit d'une autre personne, la nouvelle convention ne pourra porter atteinte au droit du premier cessionnaire. On a coutume de dire que ce résultat est la conséquence de l'effet relatif des conventions. Mais bien loin qu'il en soit ainsi, on doit le faire découler de l'effet absolu qu'elles ont en général. La vérité est que le premier contrat ayant dépouillé son droit absolument et à l'égard de tous le propriétaire, il ne peut plus le transférer à un autre.

La première convention produit son effet contre le second acquéreur. C'est bien là l'application de nos principes.

A cette généralité d'effets, le législateur n'a admis que deux classes d'exceptions. La première concerne la date à partir de laquelle un acte existe à l'encontre des tiers. A leur égard, une convention sera considérée comme ayant pris naissance non le jour où, en fait, elle est née, le législateur ne permet même pas de le rechercher, mais celui où les formalités exigées par la loi ont été accomplies (1328). La seconde est relative à la publicité. Les tiers pouvaient craindre qu'un créancier ou un propriétaire, après s'être dépouillé clandestinement de son droit, ne vînt abuser de leur confiance et leur proposer une cession qui ne serait qu'illusoire, la première ayant dépouillé leur auteur. C'est pourquoi le législateur a déclaré que le transport des créances et des droits réels ne pourrait être opposé aux tiers qu'après la publication par les modes légaux du titre qui l'a opéré (1690, 2075, 2134, L. du 23 mars 1855, art. 3 et 9). Puisque le législateur enlève à la convention son effet contre certaines personnes, c'est qu'en général il existe contre tous. Si donc la renonciation n'est pas soumise à la publicité, ce que nous essaierons de démontrer dans le chapitre suivant, elle vaudra contre les tiers dès qu'elle aura acquis date certaine.

MM. Aubry et Rau (t. II, § 288 *bis*, texte et note 28), reproduisant en réalité sous une autre forme l'objection que nous venons de réfuter, repoussent l'effet extinctif de la renonciation en faveur d'un tiers acquéreur. Les savants auteurs soutiennent qu'elle laisse subsister l'hypothèque, elle ne vaudrait que comme promesse d'abstention. Quels sont exactement le sens et la portée de cette interprétation? Elle nous paraît fort difficile à saisir. Promettre de s'abstenir d'exercer un droit réel principal ou accessoire, une servitude ou une hypothèque, n'est-ce pas consentir à l'éteindre? D'ailleurs la loi ne range-t-elle pas la renonciation parmi les modes d'extinction de l'hypothèque? (2180, 2°.) L'expression employée est technique et parle assez clairement par elle-même.

Nous avons dit que l'effet général de cette convention était de mettre le tiers acquéreur dans la situation où il serait s'il avait purgé. La femme a abandonné son droit de suite et conservé son droit de préférence; mais la position du tiers acquéreur sera plus ou moins favorable, suivant les personnes en présence desquelles il se trouvera, s'il n'y avait sur l'immeuble aucun autre créancier hypothécaire que la femme, et si cette dernière n'a consenti aucune subrogation antérieure, sa renonciation mettra l'acheteur a l'abri de toutes poursuites hypothécaires, et, le plus souvent, la femme perdra le droit de préférence qu'elle a conservé en laissant effectuer le paiement du prix entre les mains de son mari.

La situation de l'acquéreur pourrait se compliquer par la présence de subrogés antérieurs à la renonciation qui lui est faite. Cette renonciation ne modifie en rien leurs droits en les supposant publiés (art. 9, L. de 1855). Elle vaudra quant à la part restant à la femme dans son hypothèque; mais, pour les subrogés, l'acquéreur devra leur faire des notifications à fin de purge, car ils ont personnellement un droit de suite et un droit de préférence. Que si les subrogations sont postérieures, comme la renonciation n'est pas soumise à la publicité, elle leur sera opposable. La femme n'a transféré que ce qu'elle avait, son droit de préférence; quand même les subrogés auraient pris inscription, comme elle n'aurait pas la force de faire revivre une hypothèque éteinte, l'acquéreur pourrait en exiger la main-levée.

Dans les hypothèses précédentes, la conservation par la femme de son droit de préférence ne nuisait pas au renonciataire; mais on a objecté que, lorsqu'il est en présence de créanciers hypothécaires, venant en ordre après la femme sur le prix, il serait exposé, si on permettait à celle-ci de se réserver son droit de préférence, à une éviction de la part des créanciers postérieurs qui, ne venant pas en ordre utile par suite de la collocation de la femme, ne manqueraient pas de surenchérir. Cette observation est parfaitement juste; mais que l'on consulte les notaires, tous diront que le sens des formules employées est de conserver à la femme le droit de préférence, dût-il amener ce résultat.

En résumé, on peut classer en quatre catégories les opérations que nous avons rencontrées sur l'hypothèque. La première comprend les subrogations proprement dites, dont l'effet est une cession complète des droits hypothécaires; souvent elle se rencontre sous le nom de renonciation, qui est alors transmissive, ou même de cession d'antériorité. La seconde classe est celle des cessions d'antériorités dans les cas exceptionnels où elle revêt les caractères d'un échange d'hypothèque. Ensuite nous trouvons la promesse d'abstention ou renonciation extinctive, subrogation partielle, et dont l'effet dépend de la liquidation à intervenir sur les biens du débiteur. Enfin la renonciation en faveur d'un tiers acquéreur, convention dont l'effet est d'éteindre l'hypothèque d'une manière absolue.

CHAPITRE IV

De la forme et de la publicité exigées pour les subrogations à l'hypothèque légale.

(Art. 9, L. du 23 mars 1855.)

Nous avons vu dans l'introduction que les subrogations dans l'hypothèque légale étaient, avant la loi de 1855, sujettes à deux grands inconvénients, défaut de protection à l'égard de la femme et défaut de publicité à l'égard des tiers.

Avant cette époque, aucune formalité n'était exigée pour les subrogations dans l'hypothèque. La femme pouvait s'en dépouiller, par acte sous-seing privé, alors que la loi entourait l'extinction pure et simple de formalités compliquées (2144, 2145). Il y avait évidemment là quelque chose d'illogique. Les deux actes sont aussi dangereux pour elle, et les abus d'influence autant à craindre ; entourant l'un de mesures prohibitives, il fallait faire de même relativement à l'autre. Depuis longtemps on s'était occupé de porter remède à cette situation et de faire disparaître ces anomalies.

Dans l'enquête de 1840, la Faculté de droit de Paris avait exprimé le vœu que l'on plaçât sous la surveillance des tribunaux les actes par lesquels les femmes sacrifient les sûretés que la loi leur accorde. Les projets de 1850 se contentaient de l'authenticité. Le législateur de 1855, considérant que les formalités demandées par la Faculté de Paris étaient trop compliquées en présence d'une convention aussi usuelle, jugea suffisante l'intervention d'un notaire pour éclairer la femme sur la portée de l'acte qu'elle accomplit, et se borna, comme le projet de 1850, à exiger l'authenticité.

Cet inconvénient n'existait qu'à l'égard de la femme. Celui qui provenait de la clandestinité des subrogations, de leur défaut de publicité, intéressait les tiers. L'hypothèque légale, en effet, n'est pas soumise aux principes de la publicité et de la spécialité. Ces deux prérogatives peuvent se justifier par l'impossibilité où serait la femme, de prendre inscription dans la majorité des cas, et par la publicité qui résulte naturellement du mariage. Mais il n'y avait plus de raison de concéder les mêmes avantages à cette hypothèque quand elle a changé de main. C'est une faveur accordée à la personne, et qui doit s'arrêter à elle. Aucune considération n'empêchant le subrogé de publier son droit, il doit être soumis à la règle générale. En outre, un subrogé n'était pas averti de l'existence de subrogations antérieures, il était tenu sur ce point de s'en rapporter à la déclaration du mari et de la femme, comme en matière de translation de propriétés immobilières, le tiers acquéreur, à l'égard de son vendeur.

Pour porter remède à cet état de choses, on a exigé la publicité des subrogations classant les cessionnaires dans l'ordre de leurs inscriptions, de même que les créanciers hypothécaires (2134). Quant à la généralité de cette hypothèque, elle lui a été maintenue; comme ce caractère tient à la nature même du droit, il eût été difficile de le lui enlever. Il est vrai que cet inconvénient est assez faible, d'autant plus que très souvent la femme cède son hypothèque sur des immeubles déterminés, ce qui la spécialise en réalité.

Tels sont les deux moyens qu'a pris la législateur pour parer aux deux plus grands inconvénients des cessions d'hypothèque; il les a réunis dans l'article 9 de la loi du 23 mars 1855, ainsi conçue : « Dans les cas « où les femmes peuvent céder leur hypothèque ou y « renoncer, cette cession ou cette renonciation doit être « faite par acte authentique, et les cessionnaires n'en « sont saisis à l'égard des tiers que par l'inscription de « cette hypothèque prise à leur profit ou par la men- « tion de la subrogation en marge de l'inscription « préexistante. — Les dates des inscriptions ou mentions « déterminent l'ordre dans lequel ceux qui ont obtenu « des cessions ou renonciations exercent les droits hy- « pothécaires de la femme. »

Cet article, on le voit, ne parle que de l'hypothèque légale ; les contrats relatifs aux autres hypothèques restent donc soumis à la législation antérieure. Il n'y a pour eux ni forme, ni publicité exigée. Cette lacune est regrettable, car elle donne lieu à des anomalies qu'il faudrait faire disparaître.

Abordons maintenant l'étude des deux parties de cet article, l'une relative à la forme des cessions, l'autre à leur publicité. Nous consacrerons à chacune d'elles un paragraphe de ce chapitre ; et, dans un troisième, nous recherchons à quels actes s'applique notre article. Nous en laisserons de côté les premiers mots, dont nous indiquerons dans le chapitre cinquième le sens et la portée.

I. Nous venons de voir que la subrogation dans l'hypothèque légale de la femme mariée exigeait pour sa validité, depuis la loi de 1855, la forme authentique. Cette modification a-t-elle rangé la cession de l'hypothèque légale dans la classe des actes solennels comme les donations, ou n'est-ce qu'une conséquence de la réforme sur la clandestinité? Cette authenticité est-elle exigée *ad solemnitatem*, ou simplement pour assurer la possibilité de prendre inscription? Telle est la première question que nous avons à examiner.

A lire l'exposé des motifs du projet de loi, il semblerait que cette première partie de l'article n'est que la conséquence de la seconde. L'authenticité n'aurait qu'un seul but, permettre au subrogé de requérir son inscription, que, sans cette formalité, il lui serait impossible de prendre. « L'acte de subrogation, dit M. Suin, doit « être authentique, puisqu'il doit servir de première « base à une inscription qui ne peut se fonder que sur « un acte solennel. »

Rien, tant dans le rapport de M. de Belleyme que dans la discussion, ne vient contredire cette interprétation. Aussi, quelques auteurs l'ont-ils adopté (MM. Rivière et Huguet, *Quest. théor. et prat. sur la transc.*, n° 390.) D'après cette donnée, la subrogation serait valable indépendamment de l'authenticité, et si le conservateur des hypothèques consentait à opérer l'inscription sur la présentation d'un acte sous seing-privé, l'inscription étant régulière sauvegarderait le droit du subrogé.

Cette opinion est aujourd'hui abandonnée par presque tous les auteurs, et la jurisprudence s'est fixée en sens contraire. Il est reconnu que l'authenticité est nécessaire, non pas pour les besoins de l'inscription que doit prendre le subrogé, mais comme mesure à part destinée à la protection de la femme. Ceci résulte clairement des travaux de 1850 et des termes de l'article 9.

Depuis longtemps on réclamait pour la femme une protection; on disait que, pour l'empêcher de se dépouiller à la légère des garanties que la loi lui donne, il fallait entourer son consentement de certaines formalités.

Deux opinions étaient en présence, l'une demandait l'autorisation du tribunal, l'autre se contentait de l'authenticité. C'est cette dernière qui avait triomphé en

1850, et c'est elle que l'on a reproduite dans la loi de 1855, copiée sur le projet du gouvernement de 1849.

D'ailleurs, les termes de la loi sont formels; elle dit : « Cette cession ou cette renonciation doit être faite par « acte authentique. »

Peut-on nous répondre, comme on l'a fait, que la loi n'ayant rien dit touchant l'inaccomplissement des conditions exigées, et les nullités ne se suppléant pas, on ne pouvait de ce chef annuler la convention? A quoi bon alors exiger impérieusement l'authenticité, si on la laisse sous le bon plaisir des parties contractantes? La loi impose une formalité pour la validité d'un acte; si elle n'est pas remplie, l'acte est nul. Ainsi, pour le contrat de mariage, le législateur exige un acte notarié (1394), et ne prononce pas la nullité pour le cas où les parties le feraient autrement; cependant, aucun doute ne s'élève sur ce point. De même pour l'hypothèque (2127) et la reconnaissance d'enfants naturels (334). On ne peut non plus argumenter, pour appuyer cette objection, de l'art. 1030 (Pr.); c'est une règle de procédure inapplicable aux matières civiles.

Ainsi donc, la loi a voulu protéger la femme, et elle prescrit, à peine de nullité, que l'acte contenant la subrogation soit rédigé en la forme authentique. Si les parties n'ont pas obéi à ces prescriptions, la femme pourra bien être obligée envers le créancier, au cas où l'acte contiendrait de sa part une obligation, et de ce chef le créancier aura, sur l'hypothèque légale, un droit général et imparfait (1166, 2093); mais, ce qu'il n'aura pas, c'est un droit privatif et absolu. Le transport ne se sera pas opéré. La reconnaissance de la subrogation faite en justice par la femme ne la validerait pas; car l'aveu judiciaire n'est qu'un moyen de prouver une convention; il établirait seulement l'existence du concours des volontés. Une condition essentielle manquerait toujours : la constatation authentique au moment où elle est formée.

Nous n'admettrions pas, par le même motif, ce que la jurisprudence regarde comme valable pour l'hypothèque, la promesse sous-seing privé de constituer une subrogation; elle ne serait pas obligatoire; la considérer comme telle serait abandonner la protection accordée par le législateur à la femme, se mettre en opposition avec le texte et l'esprit de la loi.

L'article 9 parle d'acte authentique et non d'acte notarié; par conséquent, à la différence de ce qui existe pour les hypothèques, on n'exige pas que l'acte soit passé devant notaire. On sait en effet que lors de la rédaction du Code de procédure, les notaires avaient réclamé contre l'authenticité donnée aux procès-verbaux de conciliation rédigés par les greffiers des juges de paix. Ils craignaient qu'on arrivât facilement à établir des hypothèques sans leur ministère, en simulant un procès et une conciliation dont les conditions, étant authentiquement constatées, auraient pu être la constitution d'une hypothèque. Les rédacteurs du Code, faisant droit à leur réclamation, enlevèrent aux procès-verbaux de conciliation, la possibilité de contenir une constitution d'hypothèque et la force exécutoire (art. 54, C. proc.). Mais ces procès-verbaux n'en ont pas moins conservé l'authenticité avec tous les autres effets qu'elle comporte; ce sont, comme le dit l'article 1317, des actes reçus par des officiers publics compétents avec les solennités requises; aussi, croyons-nous qu'ils pourraient contenir une subrogation dans l'hypothèque légale. La protection voulue par la loi existe toujours; le juge de paix prendrait auprès de la femme le rôle que doit jouer le notaire.

Nous venons de voir que la loi exige l'authenticité de l'acte contenant subrogation; mais comment les choses se passeront-elles, si la subrogation est consentie par un mandataire de la femme? Suffira-t-il que l'acte de cession soit authentique? ou faudra-t-il que la procuration donnée par la femme le soit également? Sur ce point il y a controverse. D'après un certain nombre d'auteurs et quelques arrêts, le mandat n'étant assujetti à aucune forme devrait être valable, quoique rédigé sous-seing privé; pour satisfaire au vœu de la loi, il suffirait de constater authentiquement l'acte de cession.

Ce système, nous en sommes convaincu, est contraire, à la fois, au but de la loi de 1855 et au système général de notre législation en matière de procuration. La loi de 1855 a eu surtout en vue de protéger la femme par la présence d'un officier public, dont le rôle est de lui faire comprendre la gravité de l'acte qu'elle accomplit, et dans le système que nous combattons, cette protection est complétement sacrifiée. D'ailleurs, il est aujourd'hui reconnu par tous les auteurs et par la jurisprudence que, lorsque la loi exige l'authenticité pour l'accomplissement d'un acte, la procuration donnant pouvoir de le faire doit être également authentique. (Cass., 7 février 1855; Dev., 54, I, 322.)

Il pourrait arriver que la femme fît, par devant notaire, une offre de subrogation. Elle ne vaudrait certainement que comme pollicitation, et serait, comme telle, révocable tant qu'elle n'aurait pas été acceptée par le subrogé. Dans ces pollicitations, il arrive quelquefois aux notaires de se porter fort de l'acceptation; en le faisant, ils sortent de leur caractère et abandonnent leur qualité. Leur rôle est d'avertir la femme de l'importance de cet acte et de constater sa déclaration. Aussi, n'hésiterions-nous pas à annuler la pollicitation dans laquelle le notaire aurait accepté pour celui auquel l'offre est adressée.

Que si les parties ayant rédigé un acte de subrogation sous-seing privé, voulaient lui donner l'authenticité, elles pourraient le déposer chez un notaire, en déclarant, dans l'acte de dépôt, persévérer dans leur volonté; mais, en réalité, la subrogation ne prendrait naissance qu'en vertu de l'acte dépôt et à sa date.

- Nous venons de voir que l'authenticité était exigée *ad solemnitatem* pour la protection de la femme, et quelles conséquences découlaient de cette idée; laissons de côté la question de savoir quels actes sont compris par la loi sous ces dénominations de cession et renonciation; nous en parlerons dans le paragraphe troisième, après avoir traité de la publicité et de ses conséquences.

II. — La loi de 1855, nous l'avons vu, impose au subrogé une publicité de la subrogation. Nous allons étudier successivement quelle en doit être la forme et en faveur de qui elle est imposée. Abordons immédiatement la forme de cette publicité et les règles qui la régissent.

Dans l'article 9, la loi indique nettement deux modes de publicité : l'inscription de l'hypothèque légale, ou la mention en marge de l'inscription préexistante. De deux choses l'une, ou l'hypothèque n'était pas inscrite, alors le subrogé prendra inscription à son profit ; ou bien elle a été antérieurement inscrite, dans ce cas il doit requérir le conservateur de mentionner la subrogation, qui lui est consentie, en marge de cette inscription ; tel est le système qui résulte des termes précis de la loi.

Ajoutons qu'il est parfaitement conforme aux principes sur la publicité des hypothèques. Pour en assurer une sérieuse, il faut employer le mode d'inscription le plus simple et le plus clair. Celui de la loi de 1855 réunit à la fois les deux qualités ; car, lorsque l'hypothèque légale a été inscrite au profit de la femme, on voit du premier coup d'œil s'il existe des subrogations et quelles elles sont ; et, dans le cas où elle ne l'a pas été et où les subrogés ont dû prendre une inscription à leur profit, il suffit de regarder successivement chaque inscription ; celles qui sont prises par un subrogé se reconnaissent facilement.

Pour compléter ce système, il faut indiquer ce que doit contenir le bordereau à remettre au conservateur. Deux hypothèses se présentent : le subrogé requerra ou une inscription ou une mention. Dans le premier cas, la transmission de l'hypothèque produira une certaine complication. Deux créanciers s'en sont trouvés successivement investis, la femme en la personne de laquelle elle est née, et son subrogé. Toux deux devront être désignés dans le bordereau; mais, pour la femme, l'inscription n'étant pas prise à son profit et aucune notification ne devant lui être envoyée au cas de purge, il n'y aura pas besoin d'une élection de domicile. Il faudra que ce bordereau contienne également la désignation du mari, du titre constitutif de la subrogation, l'indication de la somme pour laquelle est requise l'inscription et de l'époque de l'exigibilité.

Quant à la désignation des immeubles, l'hypothèque conservant entre les mains du subrogé sa généralité, il n'est pas besoin d'en faire mention dans le bordereau ; mais cette remarque n'est vraie que lorsque la cession aura été générale ; si elle avait été spécialisée à des immeubles déterminés, il faudrait les désigner dans l'inscription. Telles sont les mentions que contiendra le bordereau, en supposant le subrogé tenu de prendre une inscription.

Dans la seconde hypothèse, lorsque l'inscription de l'hypothèque légale aura été prise au profit de la femme, et que la publicité de la cession consistera dans une mention en marge de cette inscription, le bordereau sera libellé comme le précédent, et contiendra les mêmes indications, à cette différence près qu'il est fait pour requérir une mention, non une inscription. Mais, avant de le remettre au conservateur des hypothèques, le notaire chargé de requérir cette mention devra s'assurer de la régularité de l'inscription, sans laquelle on retomberait dans l'hypothèse précédente. Du reste, une irrégularité entraînant nullité est presque impossible à supposer, car la désignation du mari, de la femme et son élection de domicile sont réellement les seules indications nécessaires (2153), et l'absence de l'une ou l'autre d'entre elles rendrait cette inscription tellement informe, que sa nullité frapperait à première vue.

Parmi ces indications que doit contenir le bordereau, quelles sont celles que la loi exige à peine de nullité? Pour ce qui est de la désignation du créancier, on admet, en général, qu'elle peut ne pas être parfaitement exactes. Il en est autrement de l'élection de domicile; elle est sans conteste un élément essentiel. Il faut en dire autant de la désignation du débiteur et du titre constitutif de la subrogation. La somme pour laquelle a eu lieu la subrogation doit être également rangée, croyons-nous, dans cette catégorie: la loi veut une publicité complète; elle ne le serait pas, si rien n'avertissait les subrogés postérieurs et les tiers acquéreurs du montant de la créance garantie. La dispense de cette énonciation est un privilége accordé à la femme en sa qualité de femme mariée; tandis que le subrogé reste soumis à la règle commune. Pour ce qui est de l'indication de l'espèce et de la situation des immeubles, quand la cession n'est pas restreinte à des biens spécifiés, elle ne peut être exigée. La généralité de l'inscription est une conséquence de la nature de l'hypothèque et non de la position du créancier. L'hypothèque était générale entre les mains de la femme, elle conservera ce caractère entre celles du subrogé.

Jusqu'à présent nous nous sommes placés en présence d'une subrogation simple; aussi le système que nous venons d'exposer est-il le seul pratiquable, le seul admis par les auteurs et la jurisprudence. Mais, dans le cas où la subrogation a lieu en faveur d'un créancier ayant déjà une hypothèque conventionnelle, le maintiendrons-nous? déciderons-nous encore que le créancier doit publier séparément son hypothèque et la subrogation? qu'étant investi de deux droits distincts, il est tenu de requérir pour chacun d'eux une inscription distincte, sur un bordereau à part ?

Cette question n'est du reste qu'un des points d'application d'un système plus général en matière d'inscription. Peut-on en requérir deux ou plusieurs dans un même bordereau? Une seule peut-elle garantir la publicité de plusieurs hypothèques? Telle est la question soulevée par les auteurs; nous ne l'étudierons qu'au point de vue de la matière qui nous occupe. A nos yeux, la loi repousse les inscriptions collectives; son système est toujours le même; que le subrogé soit ou non investi d'une hypothèque conventionnelle, il doit ou inscrire l'hypothèque légale à son profit, ou mentionner la subrogation dans l'inscription préexistante. L'article ne parle que de lui; tous les autres sont divinatoires.

Ajoutons que c'est le seul qu'il soit prudent de pratiquer. En effet, au milieu des divergences qui règnent dans la doctrine, les notaires qui se rattacheraient à l'une ou l'autre des nombreuses théories inventées sur ce sujet, courraient le risque de voir déclarer insuffisant le mode de publicité employé, ce qui engagerait leur responsabilité; d'autant plus que la Cour de Cassation et la majorité des Cours impériales entendent l'article 9 d'une façon étroite, même dans le cas où le subrogé est créancier hypothécaire du mari. (V. Cass., 1er mai 1866; Dev., 66, I, 187, et surtout Cass , 1er juin 1859; Dall., 60, I, 381.)

Sur ce point, la jurisprudence est, du reste, très compliquée. La plupart des arrêts interviennent entre un subrogé qui a inscrit, et la femme ou d'autres qui ont omis l'inscription et qui cherchent à profiter de celle du premier.

Malgré les avantages qu'elle présente au point de vue de la simplicité et de la clarté si nécessaires en cette matière, notre opinion a été combattue par un grand nombre d'auteurs. Chacun a construit un système à part, différant des autres par une foule de points de détails. Cependant, en les prenant dans leurs éléments principaux, on peut les classer tous en deux catégories distinctes; dans la première rentrent tous ceux qui exigent deux inscriptions et un bordereau unique; dans la seconde, ceux qui se contentent d'une mention de la subrogation dans l'inscription de l'hypothèque conventionnelle.

Avant d'entrer dans l'examen de ces deux classes de systèmes, nous leur ferons une objection générale. Du moment où on admet qu'une seule inscription ou une mention peut servir à publier les deux droits, on est obligé de reconnaître *a fortiori* qu'une inscription spéciale garantit le subrogé, de telle sorte que, laissant aux parties le choix entre ces différents modes de publicité, on aboutit à une confusion qui la rend illusoire. D'un côté, un subrogé pourra se contenter d'une mention dans le bordereau fourni pour son hypothèque conventionnelle; un second, d'un autre côté, prendre deux inscriptions, dans un libellé unique; enfin, un troisième inscrire sa subrogation, tandis que, d'autre part, l'hypothèque légale peut être inscrite et contenir des mentions de subrogation. Comment le conservateur et surtout les parties se retrouveront-ils au milieu de ces diversités de formes? Les tiers seront obligés, pour ne pas omettre de subrogation, d'examiner scrupuleusement toutes les inscriptions prises du chef du mari dans un même arrondissement. Est-il possible de croire que le législateur, organisant des moyens de publicité, ait admis un système conduisant à une pareille confusion? En réalité, il n'est pas plus dans l'esprit que dans le texte de la loi. Aussi, le repoussons-nous énergiquement; mais examinons sur quels arguments on peut l'avoir fondé.

Pour soutenir qu'un seul bordereau et par suite une seule inscription en contenant deux répond au vœu de la loi, on s'appuie sur trois textes : l'article 2148, l'article 21 de la loi du 21 ventôse, an IV, relative à l'organisation de la conservation des hypothèques, enfin le décret du 21 septembre 1810, sur les salaires des conservateurs; mais ces textes ne nous paraissent pas avoir le sens qu'on leur donne.

L'article 2148, de même que l'article 21 de la loi du 21 ventôse an IV, parle au singulier de l'inscription de l'hypothèque et ne suppose nullement la possibilité de plusieurs inscriptions collectives. Ces textes sont cependant destinés à établir les modes de publicité, du moment où ils ne portent pas trace de ce système, c'est qu'ils les ont repoussés.

Reste le décret de 1810. Dans le tableau qui y est annexé, on trouve une disposition ainsi conçue : « 2° pour « l'inscription de chaque droit d'hypothèque ou de pri- « vilége, quel que soit le nombre des créanciers, si la « formalité est requise par le même bordereau... 1 fr. » Ceux qui argumentent de ce texte disent qu'il parle d'un seul bordereau pour plusieurs droits d'hypothèques. Si on l'expliquait ainsi, en effet, il pourrait supposer que plusieurs inscriptions peuvent être requises par le même bordereau. Mais tel n'est pas son sens véritable. Il parle d'un seul bordereau servant à plusieurs créanciers ou à plusieurs créances, mais ne parle pas de plusieurs hypothèques. C'est comme si on avait dit : le conservateur percevra 1 franc par chaque droit d'hypothèque, et cela quand même le bordereau contiendrait l'énonciation de plusieurs créances ou créanciers. On a voulu éviter toute difficulté de la part des conservateurs sur le montant de leurs salaires. De plus, si tel n'était pas le sens de l'article, il faudrait reconnaître qu'il a omis un point bien important. Ne parlant que du cas où plusieurs créanciers distincts voudraient en requérir l'inscription de plusieurs hypothèques par un seul bordereau, il aurait omis celui où un créancier viendrait requérir l'inscription d'une seule hypothèque. L'interprétation que nous en donnons est la seule raisonnable. Même en la repoussant, ce texte n'en aurait pas plus de valeur; il n'est qu'un tarif destiné à appliquer, non à interpréter la loi. C'est à elle qu'il faut remonter, et nous avons vu quels étaient ses termes et son esprit.

Tous les arguments que nous venons de reproduire sont tirés de la théorie générale des inscriptions collectives. Le changement intervenu dans la tenue des registres des conservateurs, à la suite de la loi de 1855, peut en fournir un spécial à la subrogation. Avant cette loi, lorsqu'un subrogé voulait publier la cession d'hypothèque qui lui était consentie, ne trouvant dans la loi aucun mode indiqué, que faisait-il? Il requérait le conservateur de *mentionner sur son registre la cession*. La mention était faite dans le corps du registre. En 1855, on a changé leur forme, on a agrandi les marges, afin qu'elles pussent contenir la mention dont parlait l'article 9. C'est qu'évidemment on entendait innover. Seulement il est arrivé que ce changement dans la loi n'est pas entré du jour au lendemain dans les habitudes de la pratique, les notaires ont continué à requérir des mentions comme par le passé. De là la confusion dans les moyens employés, amenant à sa suite les controverses que nous venons de voir.

L'histoire des projets vient encore à l'appui de notre système.

En 1850, dans le projet de la commission de l'Assemblée législative, l'article 2148 (voir l'Introduction) donnait au subrogé le droit de publier sa subrogation soit dans l'inscription de son hypothèque conventionnelle, soit dans une inscription spéciale. Le projet du gouvernement ne portait pas cette alternative, il était conçu exactement comme celui de 1855. Cette différence dénotait certainement une intention restrictive à l'égard du subrogé. Elle doit s'être retrouvée dans le projet de 1855, par suite du lien intime qui l'unit au projet du gouvernement de 1850.

Toutes les objections que nous avons opposées à la première classe de systèmes, celle qui admet les bordereaux collectifs, s'élèveront avec bien plus de force encore contre la seconde catégorie, qui permet de publier la subrogation par une simple mention dans l'inscription de l'hypothèque conventionnelle. Elle présente, au point de vue d'une bonne publicité, encore plus d'inconvénients que la première. D'ailleurs, il n'y a plus de raison pour s'arrêter. Il faudrait aller jusqu'à admettre la prétention que l'on a vu se produire plusieurs fois devant les tribunaux. Des créanciers hypothécaires avaient mentionné dans l'inscription de leur hypothèque conventionnelle l'obligation solidaire de la femme. Ils soutenaient que par cela même la subrogation qui en résultait se trouvait publiée.

Nous venons d'examiner quel était le mode de publicité auquel le subrogé devait avoir recours. Nous avons dit que la loi inspirait l'obligation ou bien d'inscrire l'hypothèque légale à son profit, si elle ne l'était pas déjà, ou de mentionner la subrogation en marge de l'inscription préexistante. Mais quels sont les personnes qui peuvent invoquer cette publicité lorsqu'elle a été faite ainsi? Sans la fréquence des décisions judiciaires sur ce point, nous aurions certainement laissé de côté cette question, tant la réponse nous paraît évidente.

Deux classes de personnes peuvent vouloir invoquer, comme garantissant leur droit, l'inscription prise par le subrogé, la femme ou d'autres subrogés. Pour la femme, il faut supposer que son hypothèque n'est plus réputée inscrite, c'est-à-dire qu'une saisie, une purge a eu lieu sur l'immeuble, ou que l'un des événements prévus par l'article 8 de la loi de 1855 s'est accompli. La femme, ayant alors perdu son rang ou ne pouvant plus utilement prendre inscription, chercherait à se prévaloir de celle du subrogé. Pour les autres subrogés, leur intérêt se manifestera lorsqu'ils auront omis d'inscrire leur droit, soit que l'hypothèque légale n'ayant pas été inscrite, il soit devenu impossible de le faire par suite des événements que nous venons d'énumérer, soit que des subrogés postérieurs et qui ont rempli les formalités voulues viennent les primer.

En principe, l'inscription prise par le subrogé ne garantit que son droit propre. Il est peu probable qu'il ait eu l'intention de sauvegarder ceux des autres. Aussi, à moins d'une intention contraire formellement exprimée et découlant tant des termes de l'inscription que des circonstances dans lesquelles elle est prise, devrait-on décider qu'elle ne garantit que le requérant. Sur ce point, la jurisprudence peut paraître hésitante, notamment dans les deux derniers arrêts de la Cour de Cassation; dans le premier, de la chambre des requêtes

(1er mai 1866; Dall., 67, I, 293), la Cour découvre chez le subrogé l'intention de ne pas généraliser son inscription, dans ce fait qu'elle mentionne la somme qui lui est due, etc. L'interprétation est restrictive. L'autre arrêt, de la chambre civile (3 juillet 1866; Dall., 67, 1, 289), paraît au contraire généraliser l'inscription, à moins qu'on n'y retrouve l'intention de spécialiser. Cette différence est plus apparente que réelle, et tient un peu à la nature de l'espèce soumise à la Cour. Nous pouvons dire que, en général, le principe que nous avons posé triomphe en jurisprudence.

Qu'arriverait-il si la femme avait donné mandat d'inscrire son hypothèque légale au subrogé? Ce dernier serait certainement responsable de la non exécution de son mandat. S'il n'a pas pris une inscription générale, il devra indemniser la femme du tort qu'il lui cause, et de ce chef, la femme pourra venir prendre tout ou partie de sa collocation. Mais il n'en résultera pas nullité de la subrogation, sauf convention contraire.

Ce droit à l'indemnité appartiendrait encore dans cette hypothèse aux subrogés postérieurs, qu'ils aient ou non rempli les formalités exigées par la loi. En effet, celui qui cède un de ses droits, le cède nécessairement avec tous ses accessoires et tous les avantages qu'il lui confère. L'obligation imposée à un tiers de prendre l'inscription de l'hypothèque légale en est un ; elle sera comprise dans la cession. D'ailleurs, à quel résultat pourrait aboutir l'action entre les mains de la femme? L'inexécution du mandat ne peut lui causer aucun préjudice ; ce serait le subrogé qui l'éprouverait, c'est lui qui doit avoir le moyen d'en obtenir la réparation. Le mandataire ne pourrait même pas lui objecter qu'il n'a pas rempli les formalités voulues par la loi; car elles sont complétement indépendantes de son mandat. Il doit la réparation du tort causé par sa négligence; peu lui importe que la femme en ait cédé le bénéfice à un tiers.

Quid, dans le cas où il n'y aurait pas de mandat? Le subrogé pourrait-il de lui-même requérir l'inscription de l'hypothèque légale? L'intérêt de la question n'est pas de savoir si l'inscription sera ou non valable, elle le sera certainement; mais si le conservateur est tenu d'obéir à une réquisition du subrogé, s'il est créancier de la femme, il pourra certainement le faire en cette qualité (1166). Hors de là, il nous semble impossible de lui donner ce droit. La loi a énuméré dans l'art. 2139 quelles personnes pouvaient requérir l'inscription de l'hypothèque légale de la femme, et le subrogé ne rentre dans aucune des catégories indiquées.

L'inscription a été prise par le subrogé, pourrait-il en donner main-levée? Sur le vu de son consentement seul le conservateur devra-t-il la rayer? C'est encore ici une question de fait dépendant du point de savoir quels droits ont été publiés. Du reste, dans le doute, les conservateurs feront bien de s'abstenir, surtout en présence de l'arrêt de la Cour de Cassation (c. civ., 3 juillet 1866), qui est peut-être moins restrictif que les autres arrêts.

Nous venons d'examiner successivement quelle devait être la forme de la publicité imposée au subrogé par la loi de 1855, par qui elle pouvait être acquise ; arrivons à la seconde question que nous avons posée au commencement de ce paragraphe : en faveur de qui cette publicité est-elle exigée, ou, en d'autres termes, quels sont ceux qui peuvent se prévaloir du défaut d'inscription?

La loi de 1855 dit que l'inscription de l'hypothèque est nécessaire pour saisir les subrogés à l'égard des *tiers*, et qu'entre subrogés, la date des inscriptions détermine l'ordre des subrogations. A nos yeux, la seconde partie est le développement de la première. L'expression *tiers* signifie seulement *subrogés*. L'examen des faits nous paraît démontrer que la publicité est inutile à l'égard de la femme, du mari ou de leurs ayant-cause. En effet, la subrogation établit un droit privatif et absolu sur l'hypothèque; ceux-là seulement peuvent donc avoir intérêt à invoquer le défaut de publicité qui veulent également invoquer un droit sur cette hypothèque, et encore faut-il qu'ils ne soient ni le constituant ni ses ayant-cause à titre universel. Nous allons successivement passer en revue ces différentes classes de personnes.

A l'égard de la femme, le moindre doute ne peut s'élever. Il en est de la publicité exigée pour la cession d'hypothèque comme de celle imposée pour la translation de tout autre droit réel. Entre les parties, elle n'est pas exigée. Entre elles, la convention fait loi (1134), pourvu qu'elle ait revêtu la forme authentique. Il en est de même entre leurs ayant-cause à titre universel. La jurisprudence a consacré ce principe sans hésiter. (Cass., 9 août 1865; Dall., 66, I, 35.)

Quant aux ayant-cause à titre particulier, ils sont de deux sortes : ceux auxquels la femme a concédé un droit sur ses créances, et ceux qui ont acquis un droit sur l'hypothèque.

Les premiers, étant des tiers ayant des droits sur l'hypothèque, on pourrait être tenté de faire le raisonnement suivant. L'article 1690 oblige le cessionnaire de créance à publier son titre; cette formalité est exigée en faveur de tous les tiers sans exception. Le subrogé étant de ce nombre peut l'invoquer. S'il en est ainsi du subrogé à l'égard du cessionnaire, pourquoi ce dernier ne pourrait-il pas également invoquer le défaut de publicité de la subrogation? pourquoi ne pourrait-il pas dire que le titre translatif de l'hypothèque étant resté secret à son égard, l'hypothèque est encore dans le patrimoine de la femme? Cette doctrine est repoussée par les principes mêmes de la loi en matière de publicité. En effet, une convention, nous l'avons démontré, produit un effet absolu du moment où elle existe. La loi, dans un but d'intérêt général, a fait fléchir cette règle dans l'intérêt de certaines personnes tant qu'elle n'est pas publiée; c'est une faveur accordée limitativement. Pour atteindre ce but, elle a créé deux systèmes de publicité qui n'ont aucun lien entre eux, l'un pour les droits réels, l'autre pour les droits de créance. En ce qui touche la création, la translation et l'extinction de droits réels sur les immeubles, la loi a exigé la publicité, mais seulement entre contrats de même nature (art. 2134; art. 3 et 9 de la loi de 1855). D'un autre côté, elle a exigé (1690, 2075) la publicité de la translation des droits de créances à l'égard de tout tiers intéressé. De ce nombre se trouve le subrogé; il peut invoquer l'article 1690. Il n'en est pas de même du cessionnaire de créances; il n'est pas un tiers dans le sens de l'article 9. Ce mot a dans ce texte une signification restreinte. Nous avons dit pourquoi nous l'interprétions ainsi. Nous ajouterons qu'à défaut d'autres preuves, l'historique serait là pour le montrer. Le projet de 1851 portait *les tiers subrogés*. Pour éviter une répétition et pour abréger, on a effacé le second mot.

Reste les cessionnaires de l'hypothèque légale. C'est pour eux qu'a été écrit l'article 9. C'est entre eux que la publicité détermine le rang des cessions.

Quant aux créanciers chirographaires de la femme, ils n'ont sur l'hypothèque aucun droit spécial en dehors de l'article 1166. Pour agir contre le subrogé, ils emprunteront le droit de la subrogeante. Pas plus qu'elle, ils ne pourront donc se prévaloir du défaut de publicité.

Tels sont les principes à l'égard de la femme et de ses ayant-cause. Quant au mari et à ses ayant-cause, on chercherait vainement dans quel but on leur aurait donné le droit d'invoquer le défaut de publicité de la subrogation. Ils n'ont pas, en effet, d'intérêt à savoir s'il y a eu ou non une subrogation ; ce qui est important pour eux, c'est la publicité de l'hypothèque légale, peu leur importe celui qui doit en profiter. Si l'hypothèque légale est réputée inscrite, que ce soit la femme ou les subrogés qui prennent la collocation hypothécaire, ils sont obligés de respecter le droit existant; de quelle utilité pourrait leur être la faculté d'invoquer le défaut d'inscription ou de mention de la subrogation? ce que les subrogés ne prendraient pas, la femme le prendrait pour le leur restituer. Lorsque, au contraire, l'hypothèque sera éteinte par suite d'une purge (2195), ou d'une vente sur saisie (717 et 754 Pr.), les tiers ne se prévaudront pas de l'omission des règles prescrites par l'article 9, mais de la non-inscription de l'hypothèque légale. Si la femme avait produit à l'ordre, le subrogé, qu'il ait ou non inscrit sa subrogation, pourrait venir prendre sa collocation. L'acquéreur ou les autres créanciers hypothécaires n'auraient aucun intérêt à lui contester son droit.

En terminant cette étude sur la publicité des cessions d'hypothèque, nous devons dire quelques mots de la durée du renouvellement des inscriptions ou mentions, ainsi que de leurs effets. A certains points de vue, nous trouverons une distinction à faire entre les deux modes.

Lorsque le subrogé aura requis une inscription à son profit, elle aura évidemment la valeur de toute inscription, et nous lui appliquerons toutes les règles édictées par la loi sur ce sujet. Pour ce qui est de la mention en marge d'une inscription, l'effet doit être le même, car il serait inadmissible que la loi eût fait dépendre du hasard l'efficacité de la garantie que présente la publicité. Nous lui appliquerons, par exemple, les articles 2147 et 2151. Quoiqu'on ait contesté ce point, il nous paraît bien difficile de ne pas permettre aux subrogés de les invoquer.

Cependant, nous ferons une différence entre l'inscription et la mention, quant à la durée pendant laquelle elles conservent le droit du subrogé. Pour la première, il ne peut y avoir la moindre difficulté. On applique le principe général (2154). L'inscription est valable pendant dix ans. En ce qui touche la seconde, la loi n'a rien dit. Nous ferons découler sa durée de la nature même et de la position de cette mention. Elle s'appuie sur une inscription, et il est certain que, si cette inscription est nulle, la mention, qui n'est qu'un accessoire, tomberait avec elle. Par la même raison, l'inscription étant périmée, c'est-à-dire n'existant plus, la mention ne doit pas lui survivre.

Ce système est d'ailleurs parfaitement conforme à l'esprit de la loi et au but qu'elle poursuit, en déclarant périmée une inscription qui a dix ans de date. On ne veut pas que le conservateur et les particuliers aient à remonter au-delà de dix ans pour la recherche des hypothèques. Admettre que la mention de subrogation a une valeur propre pendant dix ans, du jour de sa date, c'est forcer à rechercher sur les registres du conservateur pendant les vingt dernières années, une mention ayant pu être faite en marge d'une inscription presque périmée.

Pour ce qui est du renouvellement et de la manière de l'opérer, une distinction est à établir. Si le créancier a pris une inscription, il pourra toujours en demander le renouvellement, que l'hypothèque légale ait été depuis inscrite ou non ; s'il avait fait faire une mention au moment où l'inscription sur laquelle elle s'appuie sera périmée, il pourra demander en renouvellement une inscription de l'hypothèque légale.

III. — Nous avons vu, dans le chapitre III, que la convention dont nous parlons en contenait plusieurs dont les effets différaient profondément. Quels actes la loi de 1855 a-t-elle eu en vue quand elle parle des cessions ou renonciations? S'applique-t-elle à toutes sans exceptions ou seulement à certaines? D'après nous, la loi de 1855 s'applique à tout acte dont l'effet doit être d'investir une personne de tout ou partie de l'hypothèque légale, et à ceux-là seulement. Cette formule laisse, en dehors de la loi, les renonciations extinctives en faveur des tiers acquéreurs; elle conduit à les soustraire aux deux conditions de la loi; l'authenticité ne leur serait pas plus imposée que la publicité.

Cette théorie est vivement critiquée. Les auteurs qui la contestent se partagent en deux catégories : les uns soutiennent que la loi de 1855 a entendu régler aussi bien les renonciations en faveur des tiers acquéreurs que celles en faveur des créanciers, et les soumettre à la fois à l'authenticité et à la publicité; les autres distinguent entre ces deux formalités, ils appliquent à ces renonciations la disposition relative à l'authenticité, mais non celle relative à la publicité.

Ce second système nous a paru ne pas être dans le texte de la loi. Dans les termes dont se sert le législateur, dans la phrase qu'il emploie, les deux dispositions sont liées entre elles. « Cette cession ou cette renoncia-« tion, dit l'art. 9, doit être faite par acte authentique, « et les cessionnaires n'en sont saisis à l'égard des « tiers, etc. » Il était difficile de les unir plus intimement. La preuve que l'article traduisait nettement l'intention des auteurs de la loi se trouve dans l'exposé des motifs et dans le rapport au Corps législatif. On n'y parle que des cessionnaires des droits de la femme. La pensée du législateur ne se portait donc que sur eux. Le système que nous combattons conduit d'ailleurs à une bizarrerie ; il fait dépendre le plus ou moins d'effet que produit une obligation de la forme dans laquelle elle est consentie. En effet, on tire de l'obligation de garantie consentie par la femme la renonciation à son hypothèque, ce qui ne pourrait se produire que lorsque la vente serait faite par acte authentique.

Reste le système qui prétend appliquer à ces renonciations les deux formalités; mais c'est surtout au point de vue de la publicité que nous le combattrons ; car, à ce point de vue, il est contraire aux principes généraux de la loi et aux termes de la loi de 1855. En effet, pour ce qui est de l'article 9, le texte est précis. Il dit d'abord : « Les cessionnaires n'en sont *saisis* à l'égard des tiers... » On n'est pas évidemment saisi d'un droit qui est éteint. De même : « les dates des inscriptions ou mentions déter-« minent l'ordre dans lequel ceux qui ont obtenu des « cessions ou renonciations exercent les droits hypo-« thécaires de la femme. » On suppose que le bénéficiaire de la renonciation veut exercer les droits de la femme; le tiers acquéreur, au contraire, veut les considérer comme éteints. Il n'est donc pas compris dans la classe des personnes dont parle l'article.

Ce texte n'est d'ailleurs que l'application des principes sur la publicité des hypothèques. En effet, quoi de plus singulier que de venir demander une publicité pour l'extinction d'une hypothèque? Que la loi oblige à transcrire l'extinction d'un droit réel principal, usufruit, servitude ou autre, on le comprend; en le faisant, elle est logique, et sa disposition est conforme au but qu'elle poursuit et au moyen qu'elle emploie. Le droit réel principal existe toujours, il s'agit seulement de savoir dans quel patrimoine il est. En publiant l'acte destiné à l'éteindre, ce n'est pas, en réalité, son extinction, mais sa translation que l'on publie. En outre, la publicité s'opère au moyen d'une formalité à remplir une fois pour toutes. Il n'en est pas de même de l'hypothèque. Le droit accessoire s'éteint véritablement et est soumis à des causes d'extinction dérivant tant de lui-même que du droit principal auquel il sert de garantie. Aussi la loi n'a organisé de publicité que pour la durée de son existence. Du moment où il est éteint, il n'y a plus besoin de le faire connaître. De là encore est venue la nécessité du renouvellement de la publicité. Quand elle est faite, elle ne peut garantir le créancier que pendant un certain laps de temps. C'est le système des inscriptions hypothécaires, dans lequel la non existence d'une hypothèque se prouve par l'absence d'inscription (2134).

La conséquence nécessaire à en tirer est que, du moment où quelqu'un renonce à son hypothèque et consent à l'éteindre, le bénéficiaire de la renonciation pourra se contenter de faire opérer la radiation de l'inscription, et, si elle n'avait pas été prise, n'aura aucune formalité à remplir.

S'il s'était agi, dans notre espèce, d'hypothèques judiciaires ou conventionnelles, c'est-à-dire soumises à l'obligation de la publicité, on n'aurait jamais songé à contester l'exactitude de ces principes. La difficulté est venue de ce que l'hypothèque de la femme est occulte, de telle sorte que les tiers, même connaissant la vente de l'immeuble, sont en droit de croire à l'existence de l'hypothèque de la femme. Son extinction sans formalité les tromperait. Les auteurs dont nous combattons l'opinion ont cherché le moyen de parer à cet inconvénient en exigeant la publicité de la renonciation. Mais cet intérêt ne peut pas faire déroger aux principes posés par le législateur. Nous devons en accepter les conséquences.

En outre, le système que nous combattons conduit aux plus singuliers résultats. On se trouve dispenser l'hypothèque légale de publicité tant qu'elle existe, et la lui imposer quand elle n'existe plus. Pour être logique, il faudrait, comme le faisait remarquer M. Pont, dans un article fort remarquable (*le Droit*, 8 mars 1868), forcer le tiers acquéreur à renouveler indéfiniment cette inscription.

La loi elle-même n'applique-t-elle pas les principes que nous venons de poser. Dans l'article 2144, parlant de la restriction de l'hypothèque, c'est-à-dire de son extinction sur un immeuble du mari, elle ne la soumet à aucune publicité. Cette solution doit être étendue *a fortiori* à l'extinction consentie sur un bien d'un tiers acquéreur.

Nous ferons, du reste, remarquer qu'en général la vente sera transcrite et la subrogation ainsi publiée. M. Pont, tout en partant des principes que nous avons posés, paraît exiger la transcription de la vente pour que la subrogation puisse produire son effet. (*Des Priv.*, n° 486.) Mais cette conciliation est inadmissible. Le subrogé postérieur à la renonciation ne peut invoquer l'article 3 de la loi de 1855, puisque c'est seulement entre droits soumis à la publicité que la loi permet d'invoquer son absence et que l'extinction de l'hypothèque n'y est pas assujettie.

Donc, dans notre système, le consentement de la femme à la vente faite par le mari, même sous seing privé, emporte renonciation à l'hypothèque légale et l'éteint, que l'acte ait été transcrit ou non. Une question peut alors se présenter. Le mari, avant que le premier acquéreur ait transcrit son titre, revend, sans demander à sa femme son consentement, le même immeuble à un autre acquéreur qui opère la transcription. La propriété lui est acquise ; mais pourra-t-il invoquer la renonciation faite en faveur du premier, et dire que l'hypothèque est éteinte absolument? Cette prétention doit être repoussée. La femme a renoncé en faveur du premier acquéreur seul ; le titre en vertu duquel ce dernier avait acquis son droit étant anéanti, la renonciation, qui n'était faite que pour lui, sera également résolue, et le nouvel acquéreur ne pourra l'invoquer.

Tout ce que nous venons de dire sur la non-application de la loi de 1855 aux renonciations faites en faveur des tiers acquéreurs, suppose à ces actes un effet purement extinctif. Les principes que nous avons posés seraient inapplicables, si le tiers acquéreur voulait se prévaloir de l'hypothèque de la femme et se faire considérer comme cessionnaire de ses droits. Il serait alors un véritable subrogé, et nous n'hésiterions pas à le soumettre aux formalités prescrites par l'article 9. C'est l'espèce d'un arrêt de la Cour de Lyon (22 décembre 1863 ; Dall., 64, II, 193).

Avec l'hypothèque légale existaient sur l'immeuble d'autres créances hypothécaires. L'acquéreur avait commis l'imprudence de payer son prix entre les mains du mari et de purger ensuite. Il prétendait se faire colloquer dans l'ordre au rang de la femme, parce qu'elle avait consenti en sa faveur une renonciation, et soutenait qu'il n'était pas soumis à la publicité de son droit. La Cour de Lyon a repoussé sa prétention, et la Cour de Cassation a rejeté le pourvoi formé contre cet arrêt. (Cass., 29 août 1866; Dall., 67, I, 49.)

Les deux solutions sont exactes. Seulement la Cour de Lyon s'est décidée par des motifs erronés. Elle s'appuie sur ce que les renonciations en faveur des tiers acquéreurs sont soumises à la loi de 1855. C'est là qu'es l'erreur, et la Cour de Cassation, tout en rejetant le pourvoi, l'a fait parfaitement ressortir. (Voir l'article de M. Pont, *Droit* du 8 mars 1868.)

En terminant, nous devons dire un mot des subrogations antérieures à la loi de 1855. Comme on se trouvait changer la législation et imposer des conditions de forme et de publicité auparavant inutiles, il fallait régler les rapports entre le passé et le présent, et décider si la loi nouvelle n'était pas applicable en quelqu'une de ses parties aux conventions antérieures. L'article 11 y a pourvu; il décide que l'article 9 n'est pas applicable aux actes ayant acquis date certaine avant la mise à exécution de la loi. La législation antérieure continuait de les régir. Toute personne qui présentera un acte de subrogation antérieur à cette époque aura droit de se faire colloquer sur l'hypothèque légale au rang que lui donne sa date : c'est l'application du principe de la non rétroactivité des lois.

La loi faisait une autre innovation. Dans l'article 8, elle décidait que la femme ou ses héritiers devaient inscrire l'hypothèque dans l'année de la dissolution du mariage. Un subrogé antérieur sera-t-il soumis à cette disposition? A nos yeux, la loi elle-même tranche ce point. Dans l'article 11, § 1, il n'est pas parlé de l'article 8. C'est donc que l'article 8 leur est applicable. De plus, le §.5 de l'article 11 est général, et s'applique à tous ceux qui peuvent avoir intérêt à prendre l'inscription de l'hypothèque légale, que ce soit la femme ou ses ayant-cause. (Paris, 4 mars 1863. Dall.; 66, II, 291). On peut dire également que l'article 8 comprend formellement les subrogés, puisqu'il dit : la femme, ses héritiers ou ayant-cause. Est-ce violer à leur égard le principe de la non rétroactivité des lois? Nous ne le croyons pas, car il faudrait en dire autant vis-à-vis de la femme. Du moment où il est possible, sans violer cette règle fondamentale, de soumettre un droit à une publicité, peu importe la personne entre les mains de qui il se trouve. L'article 8 sera donc applicable au subrogé comme à la femme.

CHAPITRE V

De la capacité de la femme en matière de subrogation.

Ce chapitre est étranger aux règles spéciales de la subrogation à l'hypothèque. Il ne contient que l'application des principes généraux du Code Napoléon sur la capacité de la femme mariée. La loi de 1855, en modifiant profondément la forme et les effets de notre convention, a expressément entendu ne pas toucher à cette question. Pour ne pas laisser planer le moindre doute sur l'intention du législateur à cet égard, la commission du Corps législatif a fait modifier les premiers mots de l'article 9. Au lieu de : « les femmes ne peuvent céder leurs droits..., » on a mis : « dans les cas où les femmes peuvent céder leur hypothèque... » Nous nous bornerons à rappeler en quelques mots les règles générales du Code Napoléon sur la capacité de la femme mariée.

Le principe est que la femme se trouve, par suite du

mariage, dans un état d'incapacité relative. Pour faire un acte juridique, en particulier un acte emportant translation de droit réel, il lui faut l'autorisation de son mari ou de justice. Mais, avec cette autorisation, elle est, sauf quelques exceptions, aussi capable que la femme non mariée. De là résulte pour la femme en général, et sous quelque régime que ce soit, une incapacité de consentir seule une cession de l'hypothèque. On peut encore dire que, l'hypothèque étant une garantie, et la capacité pour aliéner la garantie se mesurant sur celle exigée pour l'aliénation du bien lui-même, l'autorisation du mari ou de justice est nécessaire et suffit à la femme pour se dépouiller de son hypothèque.

Un arrêt de la Cour de Nîmes, du 5 août 1862 (Dall., 63, II, 29), a repoussé cette solution pour le régime de séparation de biens. Il a décidé que, sous ce régime, la femme avait le pouvoir d'aliéner sans autorisation du mari ou de justice son hypothèque légale, par ce motif que l'effet de cette hypothèque est de lui conserver son mobilier, et que du moment où elle peut aliéner ses capitaux eux-mêmes, elle peut aliéner ce qui leur sert de garantie. Qui peut le plus, peut le moins. La capacité pour aliéner l'accessoire doit être la même que pour aliéner le principal. Cette application du principe, *accessorium sequitur principale*, nous paraît inexactement faite, car la femme peut aliéner son mobilier à titre onéreux seulement, non à titre gratuit, et la subrogation est une véritable libéralité. La maxime que l'on invoque nous conduit donc précisément à une solution contraire à celle admise par la Cour de Nîmes.

Dans un autre sens, ce principe reçoit encore exception. L'aliénation d'une hypothèque est interdite à la femme, même avec l'autorisation du mari ou de justice, lorsqu'elle est mariée sous le régime dotal ou a stipulé pour certains biens une clause de dotalisation. Dans la mesure dans laquelle l'inaliénabilité des biens existe, la femme ne pourra consentir une subrogation à son hypothèque. Lui permettre d'aliéner ses garanties serait lui permettre d'aliéner indirectement les biens eux-mêmes.

Puisque, pour supposer cette inaliénabilité, il faut que la femme se soit rendue incapable par son contrat de mariage, nous ne rencontrerons cette prohibition ni sous le régime de la communauté légale ou conventionnelle, ni sous le régime sans communauté, ni sous celui de la séparation de biens, à moins qu'une clause expresse de dotalisation ne vienne les modifier. Quant à la forme de ces clauses, est-il nécessaire que la femme déclare expressément qu'elle se soumet, dans telle mesure, au régime dotal? C'est là une question de fait et d'interprétation de volonté. On a discuté si la clause par laquelle la femme stipule la reprise de ses apports francs et quittes de toutes charges et dettes, au cas où elle renoncerait à la communauté, ne vaut pas prohibition d'aliéner son hypothèque; mais il nous paraît difficile de lui donner cette portée. Elle n'a pas pour but de modifier la capacité de la femme. Si les aliénations qu'elle fait sont valables, celles de son hypothèque légale doivent l'être également.

Sous le régime dotal, au contraire, la prohibition de

céder l'hypothèque est de droit, au moins celle qui garantit la restitution de sa dot immobilière. Elle ne peut pas plus aliéner l'hypothèque que la dot elle-même, à moins qu'elle n'ait stipulé spécialement la possibilité de le faire.

A l'inverse, pour ce qui est des biens paraphernaux, il n'y aura pas plus d'inaliénabilité pour l'hypothèque que pour les biens eux-mêmes.

Reste la question pour la dot mobilière. On rencontre sur ce point une grave controverse entre la doctrine et la jurisprudence. La jurisprudence admet que la dot mobilière est inaliénable; la doctrine repousse cette théorie comme contraire au texte et à l'esprit de notre loi.

Déterminons d'abord le sens exact de cette formule : la dot mobilière est inaliénable. Sa signification apparente est très éloignée de sa signification réelle. Elle ne veut pas dire, en effet, que les biens meubles, corporels ou incorporels, ne peuvent être aliénés; car la jurisprudence reconnaît au mari le droit de les vendre seul. En réalité, cette formule doit se traduire ainsi : la femme ne peut aliéner l'hypothèque qui garantit la restitution de sa dot mobilière. Pour soutenir cette théorie, la jurisprudence s'appuie sur les articles 1555 et 1556 qui, parlant des cas où l'aliénation est possible, se servent de l'expression *biens*, ce qui comprend les meubles aussi bien que les immeubles. Cet argument n'a rien de décisif, car ces articles n'ont pas pour but de déterminer quels biens seront ou non aliénables. L'article fondamental sur ce point est l'article 1554, et il se sert précisément du mot *immeubles*. Aussi aurions-nous plutôt compris que la jurisprudence vînt s'appuyer sur cette expression elle-même pour soutenir son système. L'hypothèque étant un immeuble (la jurisprudence l'admet avec raison d'après nous), et l'immeuble étant inaliénable, l'hypothèque doit être comprise dans la prohibition. Mais à ce raisonnement la réponse est facile. Dans l'article 1554, le législateur, se servant du mot immeuble, n'a eu en vue que les droits réels principaux sur les immeubles. Il traduisait l'expression *fundus dotalis* du droit romain. En outre, l'article ne parle que des immeubles constitués en dot, et l'hypothèque de la femme résulte de la loi.

En résumé, d'après nous, sauf pour l'hypothèque qui garantit la restitution de la dot immobilière, la femme sera capable de l'aliéner avec l'autorisation de son mari ou de justice, et cette autorisation lui sera toujours nécessaire, même sous le régime de séparation de biens.

POSITIONS

DROIT ROMAIN.

I. — Le droit de vendre appartenait à tous les créanciers hypothécaires.

II. — Dans le *pignus in causa judicati captum*, il pouvait y avoir lieu à attribution de l'objet engagé au créancier.

III. — L'*unciarium fœnus* était le douzième du capital.

IV. — Dans le contrat de gage, lorsqu'aucune convention n'était intervenue relativement au droit de vendre, c'était une question d'interprétation de volonté que de savoir si le créancier devait ou non faire des dénonciations. (L. 3, D., *Quæ res pignori.*)

V. — A l'époque classique, l'exécution forcée du *jussus judicis* est possible toutes les fois qu'elle porte sur une chose de fait.

VI. — La vente en masse, lorsqu'elle ne donnait qu'un dividende au créancier, ne libérait pas le débiteur, qui restait tenu du surplus sur ses biens futurs.

VII. — La seule échéance du terme ne constituait pas, en général, le débiteur en demeure.

VIII. — Le pacte produit une obligation naturelle.

DROIT CIVIL FRANÇAIS.

I. — La subrogation dans l'hypothèque est une cession de l'hypothèque (page 70).

II. — Si la subrogation a été notifiée au débiteur ou acceptée par lui, le subrogé peut méconnaître une extinction conventionnelle de la créance intervenue entre le subrogeant et le débiteur (page 84).

III. — La compensation produite entre le subrogeant et le débiteur éteint l'hypothèque à l'égard du subrogé (page 94).

IV. — Le débiteur ou le subrogeant, en la personne duquel a eu lieu l'extinction de la créance par confusion, ne peut l'opposer au subrogé (page 101).

V. — La femme qui renonce à son hypothèque en faveur d'un tiers acquéreur conserve son droit de préférence sur le prix (page 139).

VI. — Les renonciations extinctives consenties par une femme mariée en faveur d'un tiers acquéreur ne sont pas soumises à l'article 9 de la loi de 1855, qu'elles aient été ou non publiées par la transcription de la vente (page 172).

VII. — Sous le régime dotal, la femme peut céder l'hypothèque qui garantit sa dot mobilière (page 182.)

VIII. — Le subrogé en faveur duquel a été consentie une hypothèque conventionnelle doit, suivant que l'hypothèque légale est ou non inscrite, publier la subrogation par une inscription à son profit ou une mention dans l'inscription préexistante (page 158).

DROIT COMMERCIAL.

I.— Le tireur d'une lettre de change, qui avait fait provision, peut opposer la déchéance au porteur qui n'a pas rempli les formalités prescrites par les articles 161 et 162 (Com.), que le tiré soit ou non en faillite au moment de l'échéance.

II. — La provision d'une lettre de change reste la propriété du tireur.

III. — Dans une faillite, les créanciers privilégiés ou hypothécaires dont la créance n'est pas exigible, le propriétaire, par exemple, ne peuvent, par le fait seul de la faillite, exercer leur action privilégiée ou hypothécaire.

IV. — En cas de faillite d'un acheteur d'immeuble, quoique le titre ne soit pas transcrit, l'action résolutoire survit au privilége du vendeur.

PROCÉDURE CIVILE.

I. — Il n'y a que deux exceptions dilatoires.

II. — L'incapacité des tribunaux civils pour juger les affaires commerciales est absolue.

III. — Les actions possessoires s'appliquent aux universalités de meubles.

DROIT ADMINISTRATIF.

I. — Les ministres sont juges de droit commun en matière administrative.

II. — La fixation des indemnités dues à raison des dommages permanents rentre dans la compétence des conseils de préfecture.

III. — Le lit des petites rivières est la propriété des riverains.

DROIT CRIMINEL.

I. — Le tribunal de police correctionnel qui renvoie le prévenu de la plainte ne doit pas statuer sur les dommages-intérêts demandés par la partie civile.

II. — Le verdict d'acquittement du jury ne lie pas la Cour pour l'appréciation du droit aux dommages-intérêts.

III. — L'action civile s'éteint par le même laps de temps que l'action publique.

HISTOIRE DU DROIT.

I. — Les établissements de Saint-Louis sont une œuvre privée.

II. — L'origine de la censive est dans le précaire romain.

DROIT DES GENS.

I. — Quand un prévenu, dont l'extradition est demandée à un gouvernement étranger, est livré, *sur sa demande*, avant l'accomplissement des formalités édictées par la convention d'extradition conclue entre les deux gouvernements, il doit être traité comme s'étant livré volontairement, et ne peut se prévaloir des bénéfices de la convention.

II. — Les vaisseaux des neutres, rencontrés par les vaisseaux des puissances belligérantes, ne sont pas tenus de se laisser visiter, s'ils sont accompagnés par un bâtiment de guerre de la nation à laquelle ils appartiennent.

Vu par le Président de la Thèse,

C. BUFNOIR.

Vu par le Doyen de la Faculté,

G. COLMET-DAAGE.

Vu et permis d'imprimer,

Le Vice-Recteur de l'Académie de Paris,

A. MOURIER.

Versailles. — Imp. de E. AUBERT, 6, avenue de Sceaux.

www.ingramcontent.com/pod-product-compliance
Ingram Content Group UK Ltd.
Pitfield, Milton Keynes, MK11 3LW, UK
UKHW022100260726
13993UKWH00001B/238

9 782019 935009